OCÉAN ATLANTIQUE

TERRE-NEUVE

D'HUDSON

SAINT-JEAN

QUÉBEC

ÎLE-DU-PRINCE-ÉDOUARD

ONTARIO

NOUVEAU-
BRUNSWICK

FRÉDÉRICTON

CHARLOTTETOWN

HALIFAX

QUÉBEC

NOUVELLE-ÉCOSSE

AY

MONTRÉAL

OTTAWA

ORONTO

POL MARTIN

DE
L'ATLANTIQUE
AU
PACIFIQUE

TORMONT

**Publié par
Les Éditions Tormont Inc.
338, Saint-Antoine Est
Montréal, Québec
Canada, H2Y 1A3**

©**Les Éditions Tormont Inc.**

**Conception: Steve Penner
Production: Zapp — Montréal**

**Imprimé et relié par
Friesen Printers**

**Photos des plats:
Studio Pol Martin (Ontario) Ltd.**

**Imprimé au Canada
ISBN: 2-921171-00-7**

POL MARTIN

DE

L'ATLANTIQUE

AU

PACIFIQUE

TORMONT

Keltic Lodge, Ingonish, Nouvelle-Écosse.

Le phare de Point Atkinson, Vancouver Ouest, Colombie-Britannique.

Soupe au bœuf et à l'orge

pour 4 personnes

375 ml (1 ¹/₂ tasse) d'orge
1,2 kg (2 ¹/₂ livres) de poitrine
de bœuf
4 L (16 tasses) d'eau
4 brins de persil
2 ml (¹/₂ c. à thé) de thym
2 ml (¹/₂ c. à thé) de sarriette
1 feuille de laurier
1 grosse branche de céleri, coupée en dés
2 grosses carottes, pelées, coupées en dés
1 oignon espagnol, coupé en petits dés
sel et poivre

Placer l'orge dans un bol et couvrir d'eau tiède. Faire tremper 2 heures. Égoutter.

Mettre la poitrine de bœuf dans une grande casserole. Ajouter 4 L (16 tasses) d'eau. Amener à ébullition et écumer.

Ajouter l'orge, le persil, le thym, la sarriette et la feuille de laurier. Faire cuire à feu doux 2 heures.

Ajouter les légumes et faire cuire 30 minutes.

Retirer la viande et la couper en dés. Remettre dans la soupe. Mélanger et servir.

Canard du lac Brome

pour 2 personnes

1 canard du lac Brome de 2,3kg
(5 livres)
1 feuille de laurier
1 branche de céleri, hachée
1 petit oignon, haché
10 champignons, lavés, coupés en 2
1 L (4 tasses) d'eau
30 ml (2 c. à soupe) de beurre fondu
3 échalotes sèches, hachées
125 ml (¹/₂ tasse) de vin blanc
25 ml (1 ¹/₂ c. à soupe) de fécule de maïs
30 ml (2 c. à soupe) d'eau froide
30 ml (2 c. à soupe) de yogourt
une pincée de thym
une pincée de romarin
sel et poivre

Préchauffer le four à 190 °C (375 °F).

Couper les cuisses du canard, retirer la peau. Placer les cuisses dans une casserole. Ajouter les épices, la feuille de laurier, le céleri, l'oignon et les champignons. Assaisonner au goût. Ajouter l'eau et amener à ébullition. Faire cuire à feu moyen 1 heure.

Filtrer le liquide et en garder 375 ml (1 ¹/₂ tasse).

Couper la poitrine du canard, retirer la peau. Faire fondre le beurre dans un poêlon. Ajouter la poitrine du canard et faire cuire de chaque côté 3 à 4 minutes.

Ajouter les échalotes et le vin blanc.

Placer le poêlon dans le four et continuer la cuisson 15 à 18 minutes.

Retirer la poitrine du poêlon et la déposer sur un plat de service.

Poser le poêlon sur le feu et ajouter 375 ml (1 ¹/₂ tasse) de bouillon de canard. Amener à ébullition.

Mélanger la fécule de maïs et l'eau froide et incorporer ce mélange à la sauce. Faire mijoter 3 minutes.

Placer les cuisses et la poitrine dans la sauce. Ajouter le yogourt et faire cuire à feu doux 2 minutes.

Servir avec du brocoli à la vapeur.

Cretons canadiens-français

1,4 kg (3 livres) de longe de porc, désossée
et coupée en cubes
3 rognons de porc, lavés, hachés
2 gros oignons, coupés en dés
250 g (¹/₂ livre) de graisse de rognon
2 ml (¹/₂ c. à thé) de quatre-épices
1 ml (¹/₄ c. à thé) de clou de girofle
une pincée de muscade
sel et poivre

Rincer la viande sous l'eau froide et placer dans un bol. Ajouter les oignons. Mettre au réfrigérateur 8 heures.

Placer la graisse de rognon dans une grande casserole. Ajouter la viande et tous les autres ingrédients. Saler et poivrer. Couvrir d'eau et amener à ébullition; faire cuire à feu moyen 1 ¹/₂ heure en remuant une fois ou deux pendant la cuisson. Ajouter de l'eau au besoin.

Lorsque le mélange est cuit, retirer du feu et laisser refroidir. Verser dans des petits ramequins. Mettre au réfrigérateur.

Servir froid avec du pain français.

Soupe aux légumes montréalaise

pour 4 personnes

15 ml (1 c. à soupe) de beurre
1 oignon haché
1 branche de céleri, coupée en julienne
3 branches de chou chinois, coupé en julienne
1 poivron vert, coupé en julienne
1 poivron rouge, coupé en julienne
1,5 L (6 tasses) de bouillon de poulet, clair, chaud
1 ml (¹/₄ c. à thé) d'origan
1 feuille de laurier
une pincée de thym
quelques brins de persil
sel et poivre

Faire fondre le beurre dans une grande casserole. Ajouter les légumes et bien assaisonner. Couvrir et faire cuire à feu doux 8 à 10 minutes en remuant deux fois pendant la cuisson.

Arroser de bouillon de poulet et épicer ; mélanger et amener à ébullition. Servir.

Soupe aux pois

pour 4 à 6 personnes

300 ml (1 ¹/₄ tasse) de pois cassés jaunes
45 ml (3 c. à soupe) de beurre
1 oignon, haché
1 carotte, finement hachée
1 feuille de laurier
1,8 L (7 tasses) d'eau
125 g (¹/₄ livre) de jambon précuit, coupé en dés
une pincée de thym
une pincée de basilic
sel et poivre

Placer les pois dans un bol, recouvrir d'eau et laisser tremper 8 heures. Bien égoutter.

Faire fondre 15 ml (1 c. à soupe) de beurre dans une grande casserole. Ajouter l'oignon et la carotte ; couvrir et faire cuire 3 à 4 minutes.

Ajouter les pois et les épices. Saler et poivrer. Ajouter l'eau et amener à ébullition. Couvrir partiellement la casserole et faire cuire à feu moyen 30 minutes.

Ajouter le jambon. Assaisonner au goût. Couvrir partiellement la casserole et faire cuire 1 heure.

Avant de servir, ajouter le reste de beurre.

Fricassée de grand-maman

pour 4 personnes

50 ml (¹/₄ tasse) de graisse de bacon ou de poulet
1 oignon espagnol, coupé en dés
750 ml (3 tasses) de bœuf cuit, coupé en dés
3 pommes de terre, coupées en dés
1 ml (¹/₄ c. à thé) de clou de girofle
une pincée de sarriette
sel et poivre

Faire fondre la graisse dans une casserole allant au four. Ajouter l'oignon ; faire cuire 2 à 3 minutes.

Ajouter la viande et les pommes de terre. Saler et poivrer. Ajouter les épices. Couvrir d'eau. Couvrir la casserole et faire cuire à feu doux 1 heure.

Servir avec des betteraves marinées.

Soupe à l'oignon gratinée

pour 4 personnes

30 ml (2 c. à soupe) de beurre
3 oignons moyens, émincés
45 ml (3 c. à soupe) de cognac
30 ml (2 c. à soupe) de farine
1,5 L (6 tasses) de bouillon de bœuf, chaud
1 feuille de laurier
375 ml (1 ¹/₂ tasse) de fromage gruyère, râpé
4 tranches de pain français, grillées
poivre du moulin
quelques gouttes de sauce Tabasco
sel
4 bols pour soupe à l'oignon

Dans une casserole moyenne, faire fondre le beurre à feu vif. Ajouter les oignons et faire mijoter à feu doux, sans couvrir, pendant 20 minutes. Remuer de temps en temps. Ajouter le cognac et le faire réduire des ²/₃ à feu vif. Saupoudrer de farine ; faire cuire 1 minute.

Incorporer graduellement le bouillon de bœuf. Ajouter la feuille de laurier, saler et poivrer. Amener le liquide à ébullition à feu vif. Faire mijoter, sans couvrir, à feu doux pendant 30 minutes. Remuer de temps en temps.

Ajouter la sauce Tabasco. Rectifier l'assaisonnement.

Préchauffer le four à gril (broil).

Mettre 15 ml (1 c. à soupe) de fromage râpé dans le fond de chaque bol à soupe. Retirer la feuille de laurier. Remplir les bols de soupe. Couvrir avec une tranche de pain, puis du fromage râpé.

Faire gratiner 10 minutes au centre du four. Servir.

Soupe aux têtes de violon

pour 4 personnes

60 ml (4 c. à soupe) de beurre
500 g (1 livre) de têtes de violon, lavées et égouttées
65 ml (4 ¹/₂ c. à soupe) de farine
1,2 L (5 tasses) de bouillon de poulet, chaud
50 ml (¹/₄ tasse) de crème légère
une pincée de muscade
jus de ¹/₄ de citron
quelques gouttes de sauce Tabasco
sel et poivre

Faire fondre le beurre dans une grande casserole. Ajouter les têtes de violon ; saler et poivrer. Couvrir et faire cuire 3 à 4 minutes.

Ajouter la farine ; bien mélanger et faire cuire 1 minute.

Ajouter le bouillon de poulet et les épices. Assaisonner au goût. Amener à ébullition et faire cuire à feu moyen 30 minutes.

Passer la soupe au moulin à légumes. Incorporer la crème et arroser de jus de citron. Servir.

Soupe aux tomates

pour 4 personnes

45 ml (3 c. à soupe) de beurre
1 gros oignon, coupé en dés
1 branche de céleri, coupée en dés
12 grosses tomates, pelées
5 ml (1 c. à thé) de sucre
1 cœur de céleri, coupé en dés
1 feuille de laurier
125 ml (1/2 tasse) de crème à 35 %
basilic frais
sel et poivre

Faire fondre le beurre dans une casserole. Ajouter l'oignon et le céleri ; couvrir et faire cuire à feu doux 5 à 6 minutes.

Ajouter le reste des ingrédients (sauf la crème) et bien assaisonner. Remuer, couvrir et amener à ébullition.

Faire cuire à feu doux 30 minutes.

Verser la soupe dans un moulin à légumes. Ajouter la crème, remuer et verser dans la casserole ; faire mijoter 2 minutes pour réchauffer la crème. Servir.

Salade de roquefort

pour 4 personnes

Sauce au roquefort :
15 ml (1 c. à soupe) de moutarde de Dijon
45 ml (3 c. à soupe) de vinaigre de vin
120 ml (8 c. à soupe) d'huile d'olive
50 ml (1/4 tasse) de fromage roquefort en purée
30 ml (2 c. à soupe) de yogourt
paprika
sel et poivre

Dans un petit bol, mélanger la moutarde, le sel, le poivre et le vinaigre. Incorporer l'huile, en filet, tout en mélangeant constamment avec un fouet.

Ajouter le fromage et le paprika. Bien mélanger. Incorporer le yogourt. Mettre de côté.

Salade :
2 laitues Boston, lavées, asséchées
2 grosses tomates, coupées en quartiers
4 radis, tranchés
1 concombre, pelé, épépiné, tranché
2 œufs durs, tranchés
125 ml (1/2 tasse) de sauce au roquefort
jus de citron
morceaux de bacon
sel et poivre

Dans un grand bol à salade, bien mélanger la laitue, les tomates, les radis, le concombre et les œufs. Assaisonner au goût et arroser de jus de citron.

Napper de sauce au roquefort, mélanger et garnir de morceaux de bacon. Servir.

Casserole de jambon

pour 4 personnes

50 ml (1/4 tasse) de porc salé, coupé en petits cubes
1 oignon, coupé en petits dés
2 oignons verts, coupés en petits morceaux
4 pommes de terre, pelées, tranchées finement
500 ml (2 tasses) de jambon cuit, coupé en dés
30 ml (2 c. à soupe) de farine
625 ml (2 1/2 tasses) de lait
1 ml (1/4 c. à thé) de thym
une pincée de muscade
sel et poivre

Préchauffer le four à 160 °C (325 °F).

Faire cuire le jambon salé dans une casserole 2 minutes. Ajouter les oignons ; faire cuire 3 minutes.

Dans une casserole allant au four, mettre une couche de pommes de terre. Parsemer d'oignons cuits et de porc salé.

Ajouter le jambon. Répéter les couches. Saler et poivrer. Saupoudrer d'épices.

Mélanger la farine et le lait. Verser le mélange sur le jambon ; couvrir et faire cuire 40 minutes. Retirer le couvercle et continuer la cuisson 10 minutes. Servir.

Gigot d'agneau rôti à l'ail

pour 4 à 6 personnes

1 gigot d'agneau de 2,7 kg (6 livres)
2 gousses d'ail, coupées en trois
45 ml (3 c. à soupe) de beurre fondu
1 oignon, haché
1 carotte, pelée et hachée
1 petite branche de céleri, hachée
1 feuille de laurier
500 ml (2 tasses) de bouillon de bœuf clair,
chaud
25 ml (1 1/2 c. à soupe) de fécule de maïs
45 ml (3 c. à soupe) d'eau froide
une pincée de thym
une pincée d'origan
sel et poivre

Préchauffer le four à 220 °C (425 °F).

Retirer la peau et le surplus de gras du gigot.

Piquer d'ail et placer dans un plat à rôtir allant au four. Saler et poivrer. Badigeonner généreusement la viande avec le beurre fondu.

Faire cuire au four à 220 °C (425 °F) 30 minutes. Badigeonner la viande et réduire la température du four à 190 °C (375 °F). Continuer la cuisson 35 à 40 minutes.

Vingt minutes avant la fin de la cuisson, ajouter le reste du beurre, l'oignon, la carotte, le céleri et les épices.

Lorsque la viande est à point, la retirer du plat à rôtir et la laisser reposer 7 minutes.

Mettre le plat à rôtir sur le feu. Verser le bouillon de bœuf et bien assaisonner. Faire cuire à feu vif 5 à 6 minutes.

Mélanger la fécule de maïs et l'eau froide et incorporer à la sauce. Passer la sauce au tamis. Servir avec le gigot et garnir de légumes verts.

Salade César

pour 4 personnes

15 ml (1 c. à soupe) de moutarde de Dijon
2 gousses d'ail, écrasées, hachées
5 filets d'anchois, hachés
15 ml (1 c. à soupe) de persil haché
45 ml (3 c. à soupe) de vinaigre de vin
125 ml (1/2 tasse) d'huile d'olive
1 laitue romaine, lavée, asséchée
1 œuf cuit 1 1/2 minute dans l'eau
bouillante, haché
125 ml (1/2 tasse) de fromage parmesan,
râpé
375 ml (1 1/2 tasse) de croûtons à l'ail
5 tranches de bacon croustillant, coupées
en petits morceaux
jus de 1 citron
sel et poivre

Le rocher Percé, haut de 86 mètres, est un site touristique dans la péninsule de Gaspé. En 1534, Jacques Cartier a jeté l'ancre tout près pour en prendre possession au nom de la France.

Mettre la moutarde dans un grand bol à salade. Ajouter l'ail, les anchois et le persil. Bien mélanger avec le dos d'une cuillère.

Ajouter le jus de citron et le vinaigre. Saler et poivrer ; bien mélanger.

Incorporer l'huile, en filet, tout en remuant constamment avec un fouet.

Déchirer la laitue en morceaux et la mettre dans la vinaigrette. Ajouter l'œuf ; bien mélanger.

Parsemer de fromage parmesan, de croûtons et de bacon. Mélanger et servir.

Côtelettes de porc braisées aux pommes

pour 4 personnes

*8 côtelettes de porc de 2 cm (3/4 po)
d'épaisseur
15 ml (1 c. à soupe) d'huile végétale
1 gousse d'ail, coupée en 3
30 ml (2 c. à soupe) de beurre
3 grosses pommes, pelées, tranchées
15 ml (1 c. à soupe) de sirop d'érable
30 ml (2 c. à soupe) de yogourt nature
une pincée de cannelle
sel et poivre*

Retirer presque tout le gras des côtelettes de porc. Bien saler et poivrer.

Faire chauffer l'huile dans une sauteuse. Ajouter l'ail ; faire cuire 2 minutes. Retirer l'ail.

Mettre les côtelettes de porc dans l'huile chaude ; faire cuire 5 minutes ou plus, de chaque côté, selon leur épaisseur. Retirer les côtelettes de porc et mettre sur un plat de service. Garder chaud dans le four à 70 °C (150 °F).

Faire fondre le beurre dans la sauteuse. Ajouter les pommes et le sirop d'érable ; couvrir et faire cuire 7 à 8 minutes.

Ajouter la cannelle, mélanger et continuer la cuisson 2 minutes. Incorporer le yogourt et laisser mijoter quelques secondes.

Servir avec les côtelettes de porc.

Bœuf bourguignon

pour 4 personnes

*1,6 kg (3 1/2 livres) de bœuf dans le
paleron, coupé en cubes de 2,5 cm (1 po)
250 ml (1 tasse) de farine
45 ml (3 c. à soupe) de beurre fondu
1 oignon, haché*

L'église Notre-Dame à Montréal, construite en 1829, ressemble à la cathédrale Notre-Dame de Paris.

*2 gousses d'ail, écrasées, hachées
15 ml (1 c. à soupe) de persil
500 ml (2 tasses) de vin rouge, sec
500 ml (2 tasses) de sauce brune
1 feuille de laurier
30 ml (2 c. à soupe) d'huile
250 g (1/2 livre) de champignons frais,
lavés, coupés en deux
250 ml (1 tasse) de petits oignons,
cuits
croûtons à l'ail
sel et poivre*

Préchauffer le four à 180 °C (350 °F).

Saupoudrer la viande de farine. Poivrer.

Faire chauffer la moitié du beurre dans une sauteuse. Ajouter la moitié de la viande et faire cuire 3 minutes de chaque côté. Répéter avec le reste de viande.

Remettre toute la viande dans la sauteuse. Ajouter l'oignon haché, l'ail et le persil ; mélanger et faire cuire 2 minutes.

Incorporer le vin rouge et faire cuire à feu vif 3 à 4 minutes pour faire évaporer l'alcool.

Ajouter la sauce brune et la feuille de laurier ; couvrir et faire cuire au four 2 heures.

Dix minutes avant la fin de la cuisson, faire chauffer l'huile dans une poêle à frire. Ajouter les champignons. Saler et poivrer ; faire cuire 3 minutes.

Ajouter les petits oignons ; faire cuire 1 minute. Mettre avec la viande.

Servir avec des croûtons à l'ail.

Tourtière du Lac Saint-Jean

pour 4 à 6 personnes

*1 poulet de 1,4 kg (3 livres), désossé, sans
peau et coupé en dés
500 g (1 livre) de porc, coupé en dés
500 g (1 livre) de veau, coupé en dés
1 petit lapin, désossé, coupé en dés
1 gros oignon, haché
1 ml (1/4 c. à thé) de clou de girofle
2 ml (1/2 c. à thé) de cannelle
1 gousse d'ail, écrasée, hachée
3 pommes de terre, pelées et coupées en dés
sel et poivre du moulin
pâte à pâtisserie, suffisamment pour couvrir
le fond, les bords et le dessus d'un plat à
rôtir allant au four*

Mettre le poulet, le porc, le veau et le lapin dans
un bol. Ajouter l'oignon et les épices. Saler et poivrer. Placer au réfrigérateur 12 heures.

Préchauffer le four à 190 °C (375 °F).

Couvrir le fond et les côtés du plat à rôtir de pâte.
Étendre une couche de viande dans le plat à rôtir.
Recouvrir d'une couche de pommes de terre. Saler et
poivrer. Répéter les couches. Couvrir d'eau. Recouvrir de pâte et sceller les bords.

Mettre le plat à rôtir dans le four et faire cuire
40 minutes à 190 °C (375 °F). Réduire la température du four à 120 °C (250 °F) et continuer la cuisson
2 1/2 heures. Servir.

Ragoût de boulettes

pour 4 personnes

*2 pieds de porc, lavés
1 gros oignon espagnol, tranché
500 g (1 livre) de porc maigre, haché
45 ml (3 c. à soupe) d'oignon, haché
1 ml (1/4 c. à thé) de quatre-épices
15 ml (1 c. à soupe) de graisse de bacon
125 ml (1/2 tasse) de farine, grillée sous le
gril
1 ml (1/4 c. à thé) de cannelle
1 ml (1/4 c. à thé) de clous de girofle
sel et poivre
farine tout usage*

Dans une grande casserole, mettre les pieds de
porc et les oignons tranchés ; couvrir d'eau et amener
à ébullition. Faire cuire à feu moyen 2 heures ou
jusqu'à ce que la viande se détache de l'os.

Retirer le gras des pieds de porc. Jeter le gras et
les os. Réserver la viande. Passer le liquide de cuisson au tamis et réserver.

Dans un grand bol, mélanger la viande, les oignons tranchés et les quatre-épices. Saler et poivrer.
Façonner en petites boules.

Rouler légèrement les boulettes de viande dans la
farine. Enlever l'excès de farine.

Faire fondre la graisse de bacon dans une sauteuse
à feu vif. Ajouter les boulettes de viande et faire saisir
2 à 3 minutes de chaque côté.

Verser le liquide tamisé dans une grande casserole. Ajouter la viande des pieds de porc et les
boulettes de viande ; faire cuire 10 minutes.

Pendant ce temps, mélanger la farine grillée et
375 ml (1 1/2 tasse) d'eau. Incorporer au liquide de
cuisson. Ajouter les épices et rectifier l'assaisonnement. Faire cuire jusqu'à ce que la sauce épaississe.
Servir.

Poulet sauté au vin rouge

pour 4 personnes

*2 poulets de 1,5 kg (3 livres) chacun
250 ml (1 tasse) de farine
6 tranches de bacon
2 échalotes, hachées
45 ml (3 c. à soupe) d'oignon haché
2 gousses d'ail, écrasées, hachées
500 ml (2 tasses) de vin rouge, sec
50 ml (1/4 tasse) de brandy
1 feuille de laurier
1 ml (1/4 c. à thé) de thym
250 ml (1 tasse) de sauce brune
45 ml (3 c. à soupe) de beurre
500 g (1 livre) de champignons frais, lavés,
coupés en deux
250 ml (1 tasse) de petits oignons blancs,
cuits
persil haché
sel et poivre*

Préchauffer le four à 180 °C (350 °F).

Couper le poulet en 8 morceaux et retirer la peau.

Saler et poivrer les morceaux. Saupoudrer de
farine.

Faire cuire le bacon dans une sauteuse 3 minutes de chaque côté. Retirer le bacon et réserver.

Jeter la moitié de la graisse de bacon.

Mettre le poulet dans le reste de graisse de bacon et faire saisir à feu vif, 4 minutes de chaque côté.

Ajouter les échalotes, l'oignon haché et l'ail ; faire cuire 2 à 3 minutes.

Ajouter le brandy et faire flamber. Ajouter le vin rouge, la feuille de laurier et le thym ; faire cuire à feu vif 2 à 3 minutes.

Incorporer la sauce brune. Bien assaisonner ; couvrir et faire cuire au four 25 minutes. Retirer du four et réserver.

Faire fondre le beurre dans une sauteuse. Ajouter les champignons et bien assaisonner ; faire cuire 4 minutes. Ajouter les petits oignons et continuer la cuisson 1 minute.

Retirer le poulet de la sauteuse. Réserver. Amener la sauce à ébullition 3 à 4 minutes.

Ajouter les champignons, les petits oignons et le bacon ; remuer. Ajouter les morceaux de poulet et le persil ; faire mijoter 3 à 4 minutes. Servir.

Bouillabaisse de Port-Cartier

pour 4 personnes

45 ml (3 c. à soupe) d'huile végétale
1 oignon, haché
2 gousses d'ail, écrasées, hachées
15 ml (1 c. à soupe) de zeste de citron
3 grosses tomates, pelées, coupées en dés
3 brins de persil
1 ml (1/4 c. à thé) de fenouil
1 feuille de laurier
125 ml (1/2 tasse) de vin blanc, sec
2 homards cuits de 500 g (1 livre) chacun, coupés en dés
500 g (1 livre) de filets de sole, coupés en gros morceaux
250 g (1/2 livre) de petites crevettes crues, décortiquées
une pincée de thym
sel et poivre

Faire chauffer l'huile dans une grande casserole. Ajouter l'oignon et faire cuire 3 minutes.

Ajouter l'ail, le zeste de citron, les tomates et les épices. Saler et poivrer ; couvrir et faire cuire 4 à 5 minutes.

Ajouter le vin blanc, mélanger et faire cuire sans couvercle 3 à 4 minutes.

Ajouter la chair de homard et de sole ; faire cuire 3 minutes.

Ajouter les crevettes et continuer la cuisson 1 minute.

Retirer immédiatement du feu. Laisser reposer 2 minutes.

Servir avec du pain à l'ail.

Darnes de flétan grillées avec huîtres et moules

pour 4 personnes

4 darnes de flétan
30 ml (2 c. à soupe) de beurre fondu
250 ml (1 tasse) d'huîtres sans coquilles
250 ml (1 tasse) de moules cuites
jus de 1 citron
sel, poivre, paprika
huile

Préchauffer le four à 200 °C (400 °F).

Mettre les darnes de flétan dans un plat de cuisson huilé.

Dans un petit bol, mélanger le beurre fondu, le jus de citron et le paprika. Badigeonner les darnes de poisson avec ce mélange.

Placer au four, à 15 cm (6 po) de l'élément du haut et faire griller 4 à 5 minutes. Tourner les darnes de flétan et recouvrir d'huîtres et de moules. Arroser de jus de citron et continuer la cuisson à gril (broil) 4 minutes.

Servir avec de la sauce tartare.

Sauce tartare :

150 ml (2/3 tasse) de mayonnaise
15 ml (1 c. à soupe) de jus de citron
30 ml (2 c. à soupe) de relish
30 ml (2 c. à soupe) d'olives, hachées
2 ml (1/2 c. à thé) de moutarde sèche
persil haché
sel et poivre blanc

Mélanger tous les ingrédients dans un petit bol. Rectifier l'assaisonnement et servir avec le poisson.

Homards grillés

pour 4 personnes

4 L (16 tasses) d'eau
15 ml (1 c. à soupe) de sel
4 homards vivants de 750 g (1 1/2 livre)
chacun
125 ml (1/2 tasse) de beurre fondu
jus de 1/2 citron
poivre du moulin
persil haché

Préchauffer le four à 200 °C (400 °F).

Verser l'eau dans une grande casserole. Ajouter le sel et amener à ébullition. Plonger les homards, couvrir et faire cuire seulement 10 minutes. Retirer et laisser refroidir 10 minutes.

Couper les homards en deux et mettre dans un grand plat à rôtir allant au four.

Mélanger le beurre fondu et le jus de citron. Assaisonner de poivre. Badigeonner la chair des homards de ce mélange.

Mettre les homards dans le four, à 15 cm (6 po) de l'élément du haut. Faire griller 10 minutes en arrosant la chair de beurre fondu.

Servir avec du persil haché et le mélange de beurre et de citron.

Darnes de flétan grillées

pour 4 personnes

4 darnes de flétan
30 ml (2 c. à soupe) de beurre fondu
45 ml (3 c. à soupe) de vin blanc, sec
15 ml (1 c. à soupe) de ciboulette, hachée
jus de 1 citron
sel et poivre
paprika

Préchauffer le four à 200 °C (400 °F).

Bien assaisonner les darnes de flétan avec le sel, le poivre et le paprika. Mettre le poisson dans un plat peu profond.

Dans un petit bol, mélanger le beurre fondu, le jus de citron, le vin et la ciboulette. Verser le mélange sur les darnes de poisson.

Mettre au four à 15 cm (6 po) de l'élément du haut. Faire griller 4 minutes de chaque côté en arrosant avec le jus de cuisson.

Servir avec des légumes verts.

Saumon de Gaspé

pour 4 personnes

1,5 L (6 tasses) d'eau
1 petit oignon, finement tranché
1 carotte, pelée, finement tranchée
1 poireau (le blanc seulement), finement tranché
3 brins de persil
1 feuille de laurier
4 darnes de saumon de 2,5 cm (1 po) d'épaisseur
jus de 1/2 citron
quelques feuilles de céleri, lavées, asséchées
sel et poivre du moulin

Mettre tous les ingrédients, sauf le saumon, dans une grande sauteuse. Amener le liquide à ébullition et faire mijoter à feu doux 10 minutes.

Passer le liquide au tamis et le remettre dans la sauteuse.

Placer les darnes de saumon dans le liquide tamisé et amener à ébullition à feu moyen. Dès que le liquide atteint le point d'ébullition, diminuer le degré de cuisson à un niveau très bas et faire cuire 8 minutes, selon l'épaisseur des darnes.

Servir avec du beurre fondu ou une sauce hollandaise.

Délice de langues de morue

pour 4 personnes

900 g (2 livres) de langues de morue, rincées
375 ml (1 1/2 tasse) de farine
3 œufs
5 ml (1 c. à thé) d'huile végétale
500 ml (2 tasses) de biscuits soda, émiettés
sel et poivre
citron

Faire chauffer de l'huile d'arachide dans une friteuse profonde à 180 °C (350 °F).

Verser 750 ml (3 tasses) d'eau dans une casserole. Ajouter le sel et amener à ébullition. Ajouter les langues et faire cuire 3 minutes. Bien égoutter.

Placer les œufs dans un bol. Ajouter l'huile végétale ; bien mélanger.

Saupoudrer les langues de farine, les tremper dans le mélange d'œufs et les rouler dans les miettes de biscuits soda.

Faire frire 2 à 3 minutes.

Servir avec du citron.

Moules aux tomates

---

pour 4 personnes

1,5 kg (3 livres) de moules
250 ml (1 tasse) de vin blanc, sec
45 ml (3 c. à soupe) de beurre
3 échalotes, sèches, hachées
1 gousse d'ail, écrasée, hachée
2 ml ($^1/_2$ c. à thé) d'estragon
3 tomates, pelées, épépinées, hachées
15 ml (1 c. à soupe) de persil, haché
jus de $^1/_2$ citron
sel et poivre

Laver les moules sous l'eau froide. Retirer la barbe avec un petit couteau bien affilé et frotter les moules avec une brosse.

Un des nombreux restaurants de la Place Jacques-Cartier dans le Vieux Montréal.

Rincer encore les moules et mettre dans une grande casserole. Ajouter le jus de citron et le vin blanc. Couvrir et amener le liquide à ébullition ; faire cuire 4 à 5 minutes en remuant pour assurer une cuisson uniforme.

Les moules sont cuites lorsqu'elles sont ouvertes. Jeter les moules fermées.

Retirer les moules de la casserole et réserver. Passer le liquide de cuisson à travers une mousseline à fromage pour éliminer le sable. Mettre de côté.

Faire fondre le beurre dans une casserole. Ajouter les échalotes, l'ail et les épices ; couvrir et faire cuire 2 minutes.

Ajouter les tomates. Assaisonner au goût ; faire cuire sans couvercle 8 à 10 minutes.

Ajouter le persil et le liquide de cuisson. Bien poivrer et faire cuire à feu vif 2 minutes. Passer au moulin à légumes.

Remettre les moules dans la sauce chaude ; couvrir et laisser reposer 2 minutes. Servir.

Truite de l'Estrie

pour 4 personnes

4 gros filets de truite
125 ml (1/2 tasse) de farine
45 ml (3 c. à soupe) de beurre
2 échalotes, sèches, hachées
250 ml (1 tasse) de bouillon de poisson,
chaud
1 botte de cresson, lavé, asséché
125 ml (1/2 tasse) de crème épaisse
jus de 1/2 citron
sel et poivre

Bien assaisonner les filets de truite et les enfariner.

Faire fondre 30 ml (2 c. à soupe) de beurre dans une sauteuse. Ajouter les filets de truite et faire cuire à feu vif 2 à 3 minutes de chaque côté, selon la grosseur.

Retirer de la sauteuse et mettre dans un plat de sevice. Garder au chaud.

Ajouter le reste de beurre dans la sauteuse. Ajouter les échalotes ; faire cuire 2 minutes.

Ajouter le bouillon de poisson et les feuilles de cresson ; couvrir et faire cuire 3 à 4 minutes.

Incorporer la crème dans la sauce et continuer la cuisson 2 minutes.

Passer le mélange au moulin à légumes ou au mixer. Arroser de jus de citron. Rectifier l'assaisonnement. Servir avec le poisson.

Morue au four

pour 4 personnes

30 ml (2 c. à soupe) de beurre
1 oignon, finement haché
4 tranches de bacon cuit, haché
2 cornichons, finement hachés
250 ml (1 tasse) de biscuits salés, émiettés
1,8 kg (4 livres) de morue, d'un seul
morceau
4 tranches de porc salé
jus de 1 citron
sel et poivre

Préchauffer le four à 180 °C (350 °F).

Faire fondre le beurre dans une casserole. Ajouter l'oignon ; faire cuire 3 minutes.

Ajouter le bacon et les cornichons ; bien mélanger et faire cuire 3 minutes.

Ajouter les biscuits salés, émiettés mélanger et farcir le poisson. Bien attacher et mettre dans un plat à rôtir allant au four. Couvrir le poisson de porc salé et faire cuire au four 50 minutes.

Servir avec une salade verte et du jus de citron.

Tarte au sirop d'érable

pour 4 à 6 personnes

250 ml (1 tasse) de sirop d'érable frais
125 ml (1/2 tasse) de lait
125 ml (1/2 tasse) de crème légère
15 ml (1 c. à soupe) de beurre
15 ml (1 c. à soupe) de vanille
3 jaunes d'œufs, battus
1 pâte à tarte cuite de 22 cm
(9 po)

Verser le sirop d'érable dans une petite casserole et amener au point d'ébullition. Ajouter le lait et la crème ; remuer et faire cuire à feu doux. Ne pas faire bouillir.

Ajouter le beurre, la vanille et les œufs ; mélanger et faire cuire à feu doux pour faire épaissir le mélange.

Verser dans la pâte à tarte cuite. Mettre de côté.

Préchauffer le four à 180 °C (350 °F).

Meringue :

3 blancs d'œufs
125 ml (1/2 tasse) de sucre

Mettre les blancs d'œufs et le sucre dans un bain-marie. Mélanger au fouet électrique à feu doux jusqu'à ce que le mélange forme des pics.

Étendre le mélange sur la tarte et faire cuire au four jusqu'à ce que la meringue brunisse.

Tartelettes au beurre

175 ml (3/4 tasse) de beurre sucré
425 ml (1 3/4 tasse) de cassonade
2 gros œufs, battus (ou 3 petits)
175 ml (3/4 tasse) de raisins de corinthe
15 ml (1 c. à soupe) de vanille
24 tartelettes non cuites

Préchauffer le four à 190 °C (375 °F).

Réduire en crème le beurre et le sucre. Ajouter 1 œuf à la fois en mélangeant au fouet électrique jusqu'à ce que le mélange soit lisse.

Ajouter les raisins et la vanille. Bien mélanger.

Remplir les tartelettes aux ²/₃. Faire cuire au four 17 minutes.

Beignets délicieux

pour 4 personnes

4 gros œufs
500 ml (2 tasses) de sucre
125 ml (¹/₂ tasse) de graisse végétale
5 ml (1 c. à thé) de soda à pâte
5 ml (1 c. à thé) de vinaigre blanc
1,7 L (6 ¹/₂ tasses) de farine tout usage
5 ml (1 c. à thé) de poudre à pâte
750 ml (3 tasses) de lait
1 boîte de lait condensé non sucré

Faire chauffer de l'huile d'arachide dans une friteuse profonde à 180 °C (350 °F).

Bien battre les œufs dans un bol. Ajouter le sucre et la graisse végétale ; bien mélanger au fouet électrique.

Mélanger le soda à pâte et le vinaigre ; incorporer au mélange d'œufs. Mélanger le lait et le lait condensé. Puis, ajouter la moitié du liquide aux œufs et au mélange de farine ; bien remuer.

Ajouter la moitié du reste de farine ; incorporer au mélange.

Ajouter le reste du liquide ; bien mélanger. Puis, incorporer le reste de farine.

Placer la pâte au réfrigérateur 1 heure.

Tremper les beignets dans l'huile brûlante. Bon appétit !

Tarte au citron

pour 4 à 6 personnes

4 jaunes d'œufs, battus
125 ml (¹/₂ tasse) de jus de citron
45 ml (3 c. à soupe) de zeste de citron
150 ml (²/₃ tasse) de sucre
125 ml (¹/₂ tasse) de crème à 35 %
4 blancs d'œufs
1 pâte à tarte de biscuits graham de 25 cm (10 po), cuite

Mettre les jaunes d'œufs, le jus de citron, le zeste de citron et 125 ml (¹/₂ tasse) de sucre dans un bain-marie. Mélanger et faire cuire à feu moyen en remuant constamment jusqu'à ce que le mélange épaississe.

Retirer du feu et faire refroidir.

Battre la crème jusqu'à ce qu'elle soit épaisse et l'incorporer au mélange d'œufs.

Battre les blancs d'œufs en neige ferme. Ajouter le reste de sucre et battre 1 minute. Plier dans le mélange de jaunes d'œufs.

Verser le mélange dans la pâte à tarte et couvrir d'une pellicule plastique. Faire congeler 1 heure.

Retirer la tarte du congélateur et laisser à la température ambiante jusqu'à ce que la pâte soit molle. Servir.

L'automne aux lacs Muskoka, Ontario

L'HÉRITAGE DU HAUT-CANADA

Découvrez avec nous le Haut-Canada. Ce pays tire ses racines culinaires d'Écosse, d'Irlande et d'Angleterre. Les premiers colons, au XVIIIᵉ siècle, étaient acharnés, persévérants, déterminés à surmonter les épreuves de leur nouveau pays. De par la situation géographique du Haut-Canada, les habitants se virent obligés de compter sur la production locale et sur leur ingéniosité pour créer une alimentation saine et attrayante. Avant l'invention du poêle à bois, la cuisine se faisait dans l'âtre, ce qui exigeait beaucoup plus d'habileté qu'on ne peut l'imaginer. En plus d'évaluer le degré et le temps de cuisson des aliments, la cuisinière devait continuellement tourner ou déplacer les bûches, les cendres et les braises afin qu'elles conviennent à chaque plat. Compte tenu de tous ces éléments, la cuisine du Haut-Canada était vraiment remarquable.

Les soupes se consommaient régulièrement et, dans les moments difficiles, elles constituaient le mets principal des repas. C'est peut-être pour cela que les soupes du Haut-Canada sont reconnues pour leur consistance. Presque toutes les viandes étaient servies en sauce, permettant ainsi de masquer le goût de la viande faisandée. Les légumes du jardin étaient servis bouillis ou en ragoût, rarement crus parce que l'on croyait qu'ils pouvaient être mauvais pour la santé.

Les desserts dans le Haut-Canada étaient très populaires. Ce trait demeure, car les Britanniques sont reconnus pour leur goût du sucré. Les puddings, les tartes et, bien sûr, les biscuits sucrés étaient servis dans tous les foyers et sont la marque de la véritable cuisine du Haut-Canada.

Comme vous pourrez le constater, on garde encore aujourd'hui plusieurs techniques et recettes culinaires des premiers temps. Les sauces, toujours très populaires, se sont raffinées. Les soupes, comme la crème à la citrouille, nous rappellent l'héritage du Haut-Canada. Lorsque vous visiterez le Canada, n'oubliez pas de goûter à cette cuisine royale et profitez-en aussi pour mieux connaître ce peuple déterminé qui en est à l'origine.

Omble de l'Arctique grillé

pour 4 personnes

4 darnes d'omble de l'Arctique de 2,5 cm
(1 po) d'épaisseur
sel et poivre

Marinade :

50 ml ($^1/_4$ tase) d'huile d'olive
45 ml (3 c. à soupe) de vin blanc, sec
1 gousse d'ail, écrasée, hachée
1 ml ($^1/_4$ c. à thé) d'estragon
1 ml ($^1/_4$ c. à thé) de moutarde sèche
jus de $^1/_2$ citron
poivre du moulin

Dans un bol, mélanger tous les ingrédients pour la marinade.

Mettre les darnes d'omble dans un plat à rôtir allant au four. Verser la marinade par-dessus et laisser reposer 1 heure.

Retirer le poisson de la marinade. Mettre de côté.

Huiler la grille du barbecue et faire chauffer. Placer le poisson sur la grille chaude et faire cuire 5 minutes de chaque côté en badigeonnant de marinade.

Servir avec une salade grecque.

Chou au four

pour 4 personnes

1 gros chou vert, évidé, coupé en quatre
250 ml (1 tasse) de crème à 35 %
30 ml (2 c. à soupe) de beurre
1 oignon, haché
une pincée de muscade
sel et poivre

Préchauffer le four à 180 °C (350 °F).

Mettre le chou dans une grande casserole contenant 2,5 L (10 tasses) d'eau bouillante salée ; faire cuire à feu moyen 25 minutes. Retirer le chou et bien égoutter.

Couper finement le chou et le mettre dans une casserole allant au four. Ajouter la crème. Mettre de côté.

Faire fondre le beurre dans une sauteuse. Ajouter les oignons et faire cuire 3 minutes. Verser le mélange d'oignons sur le chou et saupoudrer de muscade. Mélanger et faire cuire au four 45 minutes. Servir.

Une mongolfière s'élève au-dessus du Parlement à Ottawa.

Longe de porc rôtie

pour 4 à 6 personnes

1 longe de porc de 2,3 kg (5 livres)
45 ml (3 c. à soupe) de beurre fondu
1 gros oignon, haché
30 à 45 ml (2 à 3 c. à soupe) de sauge
fraîche, hachée
jus de $^1/_2$ citron
sel et poivre

Préchauffer le four à 190 °C (375 °F).

Retirer le surplus de gras et badigeonner la viande de beurre fondu. Bien assaisonner.

Faire cuire au four à 190 °C (375 °F) 30 minutes. Réduire le four à 180 °C (350 °F) et poursuivre la cuisson 1 $^1/_2$ heure.

Quinze minutes avant la fin de la cuisson, faire chauffer le reste de beurre dans une petite casserole. Ajouter l'oignon ; couvrir et faire cuire 3 minutes.

Ajouter la sauge ; faire cuire 1 minute. Étendre le mélange sur le rôti. Arroser de jus de citron. Terminer la cuisson.

Servir le rôti avec de la compote de pomme.

Friture d'éperlans de l'Ontario

1,2 kg (2 1/2 livres) d'éperlans
250 ml (1 tasse) de farine
1 ml (1/4 c. à thé) de sel
3 œufs battus
5 ml (1 c. à thé) d'huile végétale
375 ml (1 1/2 tasse) de biscuits soda,
émiettés
quartiers de citron

Faire chauffer de l'huile d'olive dans une friteuse profonde à 180 °C (350 °F).

Laver les éperlans et bien les saler. Saupoudrer de farine.

Mettre les œufs battus dans un bol. Ajouter l'huile et bien mélanger. Tremper les éperlans dans le mélange d'œufs, puis les rouler dans les miettes de biscuits soda.

Tremper dans la friteuse 3 à 4 minutes.

Servir avec du citron.

Soupe aux tomates et au fenouil

---

pour 4 personnes

---

30 ml (2 c. à soupe) de beurre
1 gousse d'ail, écrasée, hachée
1 petit oignon, haché
12 tomates, épluchées, hachées
250 ml (1 tasse) de bouillon de poulet, chaud
3 branches de fenouil, frais
30 ml (2 c. à soupe) de pâte de tomate
1 feuille de laurier
45 ml (3 c. à soupe) de crème à 35 %
une pincée de sucre
quelques gouttes de jus de citron
sel et poivre

Faire fondre le beurre dans une grande casserole. Ajouter l'ail et l'oignon ; couvrir et faire cuire 5 à 6 minutes.

Ajouter les tomates, le sucre et le bouillon de poulet ; remuer. Ajouter le fenouil et la pâte de tomate ; mélanger et amener à ébullition.

Ajouter les épices, la feuille de laurier et le jus de citron ; mélanger et faire cuire à feu moyen 20 minutes. Passer dans un moulin à légumes ou au mixer.

Incorporer la crème. Servir.

Rôti en cocotte

pour 4 à 6 personnes

1 morceau de poitrine de bœuf, désossée,
de 2,3 kg (5 livres)
3 carottes, pelées
2 gros oignons, chacun piqué de 2 clous de
girofle
2 branches de céleri, lavées, coupées en 3
1 feuille de laurier
3 brins de persil
30 ml (2 c. à soupe) de beurre
une pincée de thym
sel et poivre

Retirer l'excès de gras de la poitrine de bœuf.

Mettre la viande dans une grande casserole et recouvrir à peine d'eau. Couvrir et amener à ébullition. Faire cuire à feu très doux 1 heure.

Saler et poivrer, couvrir et poursuivre la cuisson 30 minutes.

Important : ne pas ajouter d'eau pendant la cuisson.

Ajouter les légumes et les épices. Couvrir et faire cuire à feu doux 1 1/2 heure ou jusqu'à ce que la viande soit tendre.

Lorsque la viande est cuite, la retirer de la casserole et la placer sur un plat de service.

Passer le liquide et les légumes dans un moulin à légumes ou au mixer. Incorporer le beurre. Servir avec la viande.

Accompagner de légumes frais.

Fameux bouillon écossais

pour 4 personnes

250 ml (1 tasse) d'orge
3 L (12 tasses) d'eau
500 g (1 livre) d'épaule d'agneau, coupée
en cubes de 2,5 (1 po) d'épaisseur
3 carottes, pelées, coupées en dés
1 gros oignon, haché
1 petit chou, tranché
2 branches de céleri, tranchées
30 ml (2 c. à soupe) de persil, haché
sel et poivre

Verser l'orge dans une grande casserole. Ajouter l'eau et amener à ébullition ; écumer.

Ajouter l'agneau et faire cuire 30 minutes ; écumer.

Ajouter le reste des ingrédients et amener à ébullition. Laisser mijoter 2 heures.

Merlans grillés

pour 4 personnes

3 merlans de 500 g (1 livre)
125 ml (1/2 tasse) de farine
45 ml (3 c. à soupe) de beurre fondu
15 ml (1 c. à soupe) de ciboulette, hachée
30 ml (2 c. à soupe) de câpres
jus de 1 citron
sel et poivre

Préchauffer le four à 180 °C (350 °F).

Laver et assécher les merlans. Bien assaisonner et enfariner. Mettre dans un plat à rôtir allant au four et badigeonner de beurre fondu et de jus de citron. Bien assaisonner.

Faire cuire au four 10 à 12 minutes.

Deux minutes avant la fin de la cuisson, saupoudrer la ciboulette et les câpres sur le poisson. Servir.

Ragoût de bœuf aux pommes

pour 4 personnes

30 ml (2 c. à soupe) de beurre
900 g (2 livres) de bœuf dans le paleron,
finement tranché
1 gros oignon, finement tranché
4 grosses pommes à cuire, pelées, finement
tranchées
250 ml (1 tasse) de bouillon de bœuf, chaud
1 brin de persil
sel et poivre

Préchauffer le four à 180 °C (350 °F).

Beurrer une grande casserole allant au four et mettre une couche de bœuf dans le fond. Ajouter une couche d'oignons et une couche de pommes. Bien assaisonner.

Répéter pour utiliser les restes de viande, d'oignon et de pommes.

Ajouter le bouillon de bœuf et le persil ; couvrir et faire cuire au four 2 1/2 heures ou jusqu'à ce que la viande soit tendre.

Croquettes de riz

*75 ml (1/3 tasse) de riz à grains longs, lavé
et égoutté
375 ml (1 1/2 tasse) de lait
5 ml (1 c. à thé) de vanille
50 ml (1/4 tasse) de sucre
3 jaunes d'œufs
1 œuf battu
250 ml (1 tasse) de chapelure*

Faire chauffer l'huile d'arachide dans une friteuse profonde à 180 °C (350 °F).

Mettre le riz dans une casserole. Ajouter 500 ml (2 tasses) d'eau et amener à ébullition ; faire cuire 3 minutes.

Égoutter le riz et le remettre dans la casserole. Ajouter le lait, la vanille et le sucre ; mélanger et amener à ébullition.

Faire cuire à feu moyen jusqu'à ce que le lait soit absorbé. Retirer la casserole du feu. Incorporer les jaunes d'œufs ; bien remuer. Remettre la casserole sur le feu et faire cuire 2 minutes en remuant constamment.

Verser le mélange sur un plateau et recouvrir d'un papier ciré.

Mettre au réfrigérateur 3 à 4 heures.

Former de petites croquettes et badigeonner d'œuf battu.

Enrober de chapelure.

Faire frire quelques croquettes à la fois 2 minutes. Servir avec de la confiture.

Courge des moines au four

*2 courges moyennes
60 ml (4 c. à soupe) de beurre
60 ml (4 c. à soupe) de cassonade
1 ml (1/4 c. à thé) de cannelle
1 ml (1/4 c. à thé) de quatre-épices
une pincée de muscade
quelques gouttes de jus de citron*

Couper les courges en deux et retirer les pépins.

Couper une tranche à la base pour que les courges soient stables.

Farcir le centre de chacune des courges avec le mélange des autres ingrédients. Faire cuire au four 45 minutes en arrosant pendant la cuisson. Servir.

Beignets aux salsifis

*500 ml (2 tasses) de salsifis, râpés
3 œufs, bien battus
30 ml (2 c. à soupe) de crème à 35 %
30 ml (2 c. à soupe) de beurre fondu
175 ml (3/4 tasse) de farine
50 ml (1/4 tasse) de beurre fondu
une pincée de muscade
sel et poivre*

Dans un bol, mélanger les salsifis, les œufs, la crème et 30 ml (2 c. à soupe) de beurre fondu. Ajouter la farine ; bien assaisonner et mélanger pour obtenir une pâte.

Saupoudrer de muscade ; mélanger de nouveau.

Faire chauffer la moitié du beurre fondu dans une poêle à frire. Déposer de grosses cuillerées de pâte et faire cuire dans le beurre chaud jusqu'à ce que les deux côtés soient bruns. Répéter avec le reste de la pâte. Servir.

Morue salée bouillie, sauce aux œufs

*900 g (2 livres) de morue salée
45 ml (3 c. à soupe) de beurre
60 ml (4 c. à soupe) de farine
500 ml (2 tasses) de lait chaud
1 ml (1/4 c. à thé) de muscade
2 œufs durs, hachés
sel et poivre*

Mettre la morue dans une petite casserole et couvrir d'eau tiède. Laisser au réfrigérateur toute la nuit. NOTE : IL FAUT CHANGER L'EAU DEUX OU TROIS FOIS PENDANT CE TEMPS.

Égoutter la morue et la mettre dans un plat à rôtir allant au four ; couvrir d'eau froide et amener à ébullition. Faire cuire à feu très doux 15 minutes. NE PAS FAIRE BOUILLIR. Faire fondre le beurre dans une casserole. Ajouter la farine ; mélanger et faire cuire à feu doux 2 minutes.

Ajouter le lait et bien mélanger avec un fouet. Assaisonner au goût et parsemer de muscade. Faire cuire 12 minutes à feu doux. Ajouter les œufs ; mélanger délicatement. Servir avec le poisson.

Crevettes conservées dans du beurre fondu

125 g (¹/4 livre) de beurre non salé
1 gousse d'ail, écrasée, hachée
375 g (³/4 livre) de crevettes crues,
décortiquées
1 petite boîte de chair de crabe,
bien égouttée
quelques gouttes de jus de citron
sauce Tabasco
paprika
poivre

Faire fondre le beurre dans une casserole. Ajouter l'ail ; faire cuire à feu doux 2 minutes. Ajouter les crevettes. Bien poivrer. NE PAS SALER. Faire cuire 2 minutes en remuant pendant la cuisson.

Ajouter la chair de crabe et poursuivre la cuisson 1 minute. Mettre le mélange dans un mixer et réduire en purée. Assaisonner de jus de citron, de sauce Tabasco et de paprika. Bien mélanger. Faire refroidir au réfrigérateur.

Servir avec du pain français grillé ou des craquelins.

Huîtres grillées

pour 4 personnes

30 ml (2 c. à soupe) de beurre
2 échalotes, hachées
45 ml (3 c. à soupe) de farine
40 ml (2 ¹/2 c. à soupe) de crème légère
750 ml (3 tasses) d'huîtres sans coquilles,
avec leur jus
quelques gouttes de citron
paprika
poivre du moulin

Faire fondre le beurre dans une casserole. Ajouter les échalotes ; faire cuire à feu doux 2 minutes.

Ajouter la farine ; mélanger et faire cuire 1 minute.

Ajouter la crème ; mélanger et faire cuire à feu doux 3 à 4 minutes.

Ajouter les huîtres et leur jus. Arroser de jus de citron et de paprika ; laisser mijoter à feu doux 4 minutes.

Servir avec du pain grillé.

Une scène rurale près de Stratford, Ontario.

Les gratte-ciel de Toronto vus de Toronto Island Park.

Ragoût d'huîtres

pour 4 personnes

500 ml (2 tasses) d'huîtres avec leur jus
250 ml (1 tasse) d'eau
30 ml (2 c. à soupe) de beurre
30 ml (2 c. à soupe) de farine
250 ml (1 tasse) de crème légère
ou de lait
15 ml (1 c. à soupe) de ketchup
15 ml (1 c. à soupe) de persil
15 ml (1 c. à soupe) de zeste de citron
paprika
poivre du moulin

Mettre les huîtres, leur jus et l'eau dans une casserole ; couvrir et amener à ébullition. Réduire le feu à très doux et laisser mijoter 2 minutes.

Égoutter les huîtres et mettre de côté. Réserver le liquide de cuisson.

Faire fondre le beurre dans une casserole. Ajouter la farine ; mélanger et faire cuire 1 minute. Ajouter le liquide de cuisson des huîtres ; bien mélanger et amener à ébullition. Réduire le feu à très doux et ajouter la crème ou le lait. Mélanger, ajouter le ketchup, le persil et le zeste de citron. Bien poivrer.

Incorporer les huîtres ; faire mijoter à feu très doux 3 minutes.

Saupoudrer de paprika. Servir avec des biscuits soda.

Sole en terrine

pour 4 personnes

375 g (3/4 livre) d'épinards en feuilles,
lavés, asséchés
6 filets de sole
500 g (1 livre) de saumon, désossé,
sans peau
250 ml (1/2 livre) de crevettes
3 blancs d'œufs
15 ml (1 c. à soupe) de persil
125 ml (1/2 tasse) de crème à 35 %
2 ml (1/2 c. à thé) de sauce
Worcestershire
quelques gouttes de sauce Tabasco
jus de citron
beurre
sel et poivre

Préchauffer le four à 190 °C (375 °F).

Foncer un moule à pain de papier ciré bien beurré. Mettre de côté.

Faire cuire les épinards à la vapeur quelques minutes, bien égoutter et hacher.

Mettre une couche de filets de sole dans le moule. Recouvrir d'une couche d'épinards hachés. Bien assaisonner.

Réduire le saumon en purée au mixer. Ajouter les crevettes et réduire en purée.

Ajouter la moitié du mélange d'œufs, de persil, de Tabasco et de sauce Worcestershire. Arroser de jus de citron et réduire en purée.

Ajouter le reste de blancs d'œufs. Incorporer la crème petit à petit. Réduire en purée.

Étendre une couche de ce mélange sur les épinards. Puis, répéter les couches de filets de sole et d'épinards. Recouvrir avec le reste du mélange. Terminer avec une couche de filets de sole. Mettre quelques petits morceaux de beurre et bien poivrer.

Placer le moule à pain dans un plat à rôtir allant au four et contenant 2,5 cm (1 po) d'eau. Faire cuire au four 50 minutes.

Laisser refroidir et retirer le liquide. Servir avec de la mayonnaise à la moutarde.

Brochet farci cuit au four

pour 4 personnes

1 brochet de 1,4 kg (3 livres)
15 ml (1 c. à soupe) de beurre
1/2 concombre, épépiné, pelé, finement
haché
1 petit oignon, haché
250 ml (1 tasse) de riz, cuit
1 œuf dur, haché
15 ml (1 c. à soupe) de persil
1 œuf, battu
30 ml (2 c. à soupe) de beurre fondu
50 ml (1/4 tasse) de chapelure
sel et poivre
tranches de citron pour garnir

Préchauffer le four à 180 °C (350 °F).

Écailler le brochet et retirer les branchies. Laver et assécher. Bien assaisonner l'intérieur et l'extérieur.

Faire chauffer 15 ml (1 c. à soupe) de beurre dans une casserole. Ajouter les concombres et l'oignon ; couvrir et faire cuire 3 minutes. Ajouter le riz cuit, l'œuf haché et le persil ; bien mélanger et faire cuire 2 minutes.

Farcir le brochet, le coudre et le mettre dans un plat à rôtir allant au four. Bien assaisonner. Napper de beurre fondu et badigeonner d'œuf battu. Saupoudrer de chapelure.

Faire cuire au four 40 minutes.

Note : Si le brochet devient trop grillé, le recouvrir d'un papier d'aluminium.

Servir avec du citron.

Tourte au poulet et aux huîtres

pour 4 personnes

1 poulet de 2,2 kg (5 livres), désossé, sans peau, coupé en 8 morceaux
2 carottes, pelées, tranchées
2 branches de céleri, tranchées
2 oignons, coupés en dés
750 ml (3 tasses) d'eau
500 ml (2 tasses) d'huîtres, sans coquilles
60 ml (4 c. à soupe) de beurre
60 ml (4 c. à soupe) de farine
125 ml (¹/₂ tasse) de crème à 35 %
50 ml (¹/₄ tasse) de lait
une pâte à tarte
jus de ¹/₄ de citron
sel, poivre, paprika

Préchauffer le four à 180 °C (350 °F).

Bien assaisonner les morceaux de poulet et les mettre dans une grande casserole.

Ajouter les carottes, le céleri et les oignons. Bien assaisonner et ajouter 750 ml (3 tasses) d'eau. Amener à ébullition. Faire cuire à feu moyen 15 minutes.

Retirer le poulet de la casserole. Mettre de côté. Passer le liquide au tamis, réserver.

Préchauffer le four à 190 °C (375 °F).

Mettre les huîtres dans une petite casserole. Ajouter 250 ml (1 tasse) d'eau, 5 ml (1 c. à thé) de beurre et le jus de citron ; faire cuire 3 minutes à feu doux. Mettre de côté.

Faire fondre le reste de beurre dans une casserole. Ajouter la farine, mélanger et faire cuire 2 minutes.

Ajouter le liquide de cuisson du poulet ; remuer et faire cuire à feu doux 8 minutes. Ajouter la crème et le paprika ; mélanger et laisser mijoter 1 minute.

Mettre les morceaux de poulet dans un plat allant au four. Napper de sauce. Recouvrir d'une pâte à tarte . Badigeonner la pâte de lait et faire cuire au four 15 minutes.

Puis, soigneusement, retirer la pâte du dessus et ajouter les huîtres égouttées. Remettre la pâte et poursuivre la cuisson 5 minutes. Servir.

Crème à la citrouille

pour 4 a 6 personnes

900 g (2 livres) de citrouille, pelée, épépinée, coupée en cubes
45 ml (3 c. à soupe) de beurre
1 petit oignon, haché
30 ml (2 c. à soupe) de farine
750 ml (3 tasses) de lait, chaud
125 ml (¹/₂ tasse) de bouillon de poulet, chaud
croûtons
sel et poivre

Mettre la citrouille dans une grande casserole et couvrir d'eau salée. Amener à ébullition et faire cuire 20 minutes. Égoutter et réduire en purée. Mettre de côté.

Faire fondre le beurre dans une casserole. Ajouter l'oignon ; faire cuire 2 minutes. Ajouter la farine ; mélanger et faire cuire 1 minute.

Ajouter le lait ; remuer et faire cuire 3 à 4 minutes. Bien assaisonner et incorporer la purée de citrouille et le bouillon de poulet ; mélanger et faire cuire à feu doux 20 minutes.

Servir avec des croûtons.

Upper Canada Village à Morrisburg en Ontario présente les maisons et le mode de vie du Haut-Canada au XIXe siècle.

Tarte au steak et aux rognons

pour 4 personnes

30 ml (2 c. à soupe) de beurre
250 g (¹/₂ livre) de rognons de bœuf, lavés,
finement tranchés
1 échalote, hachée
1 oignon, haché
15 ml (1 c. à soupe) de persil, haché
900 g (2 livres) de bœuf dans la culotte,
finement tranché
125 ml (¹/₂ tasse) de farine
750 ml (3 tasses) de bouillon brun
pâte à tarte
sel et poivre

Préchauffer le four à 180 °C (350 °F).

Faire fondre le beurre dans un plat allant au four. Ajouter les rognons, l'échalote, l'oignon et le persil. Bien assaisonner. Faire cuire 2 à 3 minutes. Retirer du feu et réserver.

Mettre le bœuf dans un sac de plastique. Ajouter la farine ; bien assaisonner et secouer.

Dans une casserole allant au four, bien beurrée, mettre une couche de bœuf, puis une couche de rognons. Saler et poivrer ; recouvrir de bouillon brun.

Rouler la pâte à tarte. Mouiller les bords de la casserole d'eau et couvrir de pâte. Presser pour sceller le plat. Avec un couteau bien effilé, pratiquer quelques incisions dans la pâte.

Faire cuire au four ¹/₂ heure. Servir.

Soupe aux palourdes

pour 4 personnes

36 palourdes, bien nettoyées
500 ml (2 tasses) de bouillon de poisson,
clair, chaud
90 g (3 onces) de porc salé, finement tranché
3 pommes de terre, pelées, finement tranchées
1 poireau (le blanc seulement), finement tranché
45 ml (3 c. à soupe) de farine
1 feuille de laurier
1 oignon vert, haché
¹/₂ poivron vert, haché
15 ml (1 c. à soupe) de persil, haché
125 ml (¹/₂ tasse) de crème à 35 %
quelques gouttes de jus de citron
sel et poivre

Mettre les palourdes dans une grande casserole. Ajouter 250 ml (1 tasse) de bouillon de poisson ; couvrir et faire cuire 4 à 5 minutes jusqu'à ce que les palourdes soient ouvertes.

Enlever les coquilles des palourdes et réserver.

Passer le liquide de cuisson à travers une mousseline à fromage et réserver.

Faire cuire le porc salé dans une casserole 3 minutes. Ajouter les pommes de terre et le poireau ; faire cuire 2 minutes.

Ajouter la farine ; faire cuire 2 minutes. Ajouter le liquide de cuisson, le reste de bouillon de poisson et la feuille de laurier. Amener à ébullition et faire cuire 8 à 10 minutes.

Ajouter l'oignon vert, le poivroi vert, et le persil. Assaisonner au goût. Faire cuire 2 minutes.

Ajouter les palourdes et incorporer la crème. Laisser mijoter 3 à 4 minutes. Arroser de jus de citron. Servir.

Pâté de foie de poulet

pour 4 à 6 personnes

500 g (1 livre) de foies de poulet
250 g (¹/2 livre) de foies de canard
30 ml (2 c. à soupe) de beurre
1 oignon, finement haché
2 gousses d'ail, écrasées, hachées
15 ml (1 c. à soupe) de persil haché
25 ml (1 once) de cognac ou de brandy
25 ml (1 once) de porto
175 ml (³/4 tasse) de crème fouettée
une pincée de thym
sauce Tabasco
sel et poivre

Dégraisser les foies.

Faire fondre le beurre dans une poêle à frire. Ajouter l'oignon et l'ail ; couvrir et faire cuire à feu doux 2 à 3 minutes.

Ajouter les foies et les épices. Saler et poivrer. Faire cuire à feu doux 8 à 10 minutes. Retirer les foies de la poêle à frire et réserver.

Replacer la poêle à frire sur le feu et faire réduire le liquide de cuisson aux ²/3 à feu vif.

Ajouter les foies et le cognac ; faire flamber. Réduire en purée au mixer.

Verser la purée dans un bain-marie. Ajouter le porto et la crème fouettée ; remuer, saler et poivrer. Faire cuire à feu doux 10 minutes.

Retirer du four, laisser refroidir et servir avec du pain français grillé.

Pâte à quiche et à tarte

375 ml (1 ¹/2 tasse) de farine tout usage
60 ml (4 c. à soupe) de beurre, en morceaux
30 ml (2 c. à soupe) de graisse végétale
30 à 45 ml (2 à 3 c. à soupe) d'eau froide
une pincée de sel

Tamiser la farine et le sel dans un grand bol. Déposer le beurre et la graisse végétale au centre de la farine et l'incorporer avec un couteau à pâtisserie.

Ajouter l'eau froide et façonner en boule.

Couvrir la pâte et la mettre au réfrigérateur 1 heure.

Quiche au bacon et au maïs

pour 4 à 6 personnes

1 boîte de 198 g (7 onces) de maïs en grains
6 tranches de bacon, croustillantes et
coupées en morceaux
15 ml (1 c. à soupe) de persil, haché
50 ml (¹/4 tasse) de fromage cheddar, râpé
3 œufs
300 ml (1 ¹/4 tasse) de crème légère
une pincée de muscade
sel et poivre
Un plat à quiche de 22 cm (9 po) garni
d'une pâte à tarte

Préchauffer le four à 200 °C (400 °F).

Égoutter le maïs et le placer dans la pâte à tarte. Ajouter le bacon et le persil. Saupoudrer de fromage râpé.

Battre les œufs et la crème. Saler et poivrer. Saupoudrer de muscade. Verser le mélange sur le maïs.

Faire cuire 15 minutes au four à 200 °C (400 °F). Réduire le four à 180 °C (350 °F) et poursuivre la cuisson 20 minutes.

Servir.

Pommes de terre dauphinoises

pour 4 personnes

6 pommes de terre, cuites, pelées, tranchées
250 ml (1 tasse) de craquelins écrasés
60 ml (4 c. à soupe) de beurre
375 ml (1 ¹/2 tasse) de crème légère
sel et poivre blanc

Préchauffer le four à 190 °C (375 °F).

Étendre une couche de pommes de terre dans un plat allant au four. Parsemer de craquelins et de quelques petits morceaux de beurre. Bien assaisonner.

Répéter pour utiliser toutes les pommes de terre.

Napper les pommes de terre de crème. Saler et poivrer. Faire cuire au four 30 minutes. Servir.

Salade aux épinards

pour 4 personnes

Vinaigrette au citron :

60 ml (4 c. à soupe) de vinaigre de vin
2 ml (¹/₂ c. à thé) de sel
175 ml (³/₄ tasse) d'huile d'olive
jus de ¹/₂ citron
poivre du moulin

Verser le vinaigre dans un bol. Saler et poivrer. Arroser de jus de citron.

Ajouter l'huile, en filet, en remuant constamment avec un fouet. Servir.

375 g (³/₄ livre) de feuilles d'épinards
fraîches, lavées, asséchées
2 œufs durs, hachés
250 ml (1 tasse) de vinaigrette au citron
1 oignon, haché
250 ml (1 tasse) de champignons frais,
lavés, tranchés
125 ml (¹/₂ tasse) de morceaux de bacon
30 ml (2 c. à soupe) de fromage parmesan,
râpé
sel et poivre

Dans un grand bol à salade, mettre les épinards et bien assaisonner.

Ajouter les œufs et la vinaigrette au citron ; bien mélanger.

Ajouter les autres ingrédients. Mélanger et servir.

Jambon au four, sauce Cumberland

pour 4 à 6 personnes

1 jambon du pays de 1,8 kg (4 livres)
1 oignon, coupé en cubes
1 carotte, pelée, tranchée
1 branche de céleri, coupée en dés
1 bouquet garni
poivre en grains

Temps de cuisson : 30 minutes par 500 g (1 livre).

Mettre le jambon dans une casserole. Ajouter les autres ingrédients ; couvrir d'eau et amener à ébullition. Faire cuire 30 minutes par 500 g (1 livre).

Préchauffer le four à 190 °C (375 °F).

Retirer le jambon de la casserole. Enlever la peau et une partie du gras.

Déposer le jambon dans un plat à rôtir allant au four ; saupoudrer de cassonade et arroser de jus d'orange. Faire cuire au four 30 minutes.

Servir avec une sauce Cumberland.

Sauce Cumberland :

250 ml (1 tasse) de gelée de groseilles
rouges
60 ml (4 c. à soupe) de porto
jus de 2 oranges
jus de ¹/₂ citron

Amener la gelée de groseilles à ébullition dans une petite casserole. Ajouter les autres ingrédients ; faire cuire 3 minutes. Bien mélanger.

Servir avec le jambon.

Salade romaine au fromage bleu

pour 4 personnes

300 ml (1 ¹/₄ tasse) de fromage bleu
15 ml (1 c. à soupe) de persil, haché
5 ml (1 c. à thé) de moutarde de Dijon
50 ml (¹/₄ tasse) de vinaigre de vin
175 ml (³/₄ tasse) d'huile d'olive
2 petites laitues romaines, lavées, asséchées
250 ml (1 tasse) de croûtons à l'ail
125 ml (¹/₂ tasse) de bacon croustillant,
haché
sel et poivre
jus de citron

Écraser le fromage bleu dans un petit bol. Ajouter le persil et la moutarde ; bien mélanger.

Ajouter le vinaigre. Saler et poivrer.

Ajouter l'huile, en filet, en remuant constamment avec un fouet pour bien mélanger le vinaigre et le fromage. Rectifier l'assaisonnement.

Déchirer les feuilles de laitue dans un bol à salade. Ajouter la moitié de la sauce ; bien mélanger. Arroser de jus de citron.

Ajouter des croûtons et le reste de sauce ; mélanger. Parsemer de bacon. Servir.

Rôti de bœuf, sauce au raifort

pour 6 à 8 personnes

1 ml (¹/4 c. à thé) de basilic
1 ml (¹/4 c. à thé) de thym
2 ml (¹/2 c. à thé) de cerfeuil
30 ml (2 c. à soupe) d'huile
ou de beurre fondu
1 rôti de bœuf de 1,8 kg (4 livres) dans la
pointe d'aloyau
sel et poivre

Préchauffer le four à 220 °C (425 °F).
Temps de cuisson : 18 minutes par 500 g (1 livre).

Dans un bol, mélanger le basilic, le thym et le cerfeuil. Ajouter l'huile ; bien mélanger. Badigeonner le dessus du rôti avec le mélange. Bien poivrer. Ne pas saler.

Mettre la viande dans un plat à rôtir allant au four et faire cuire 30 à 35 minutes à 220 °C (425 °F). Réduire le four à 180 °C (350 °F) et continuer la cuisson. Arroser, saler et poivrer le rôti pendant la cuisson.

Bouillon de cuisson :

1 gros oignon, coupé en dés
1 branche de céleri, coupée en dés

15 ml (1 c. à soupe) de persil, haché
30 ml (2 c. à soupe) de farine
750 ml (3 tasses) de bouillon de bœuf,
chaud
sel et poivre

Trente minutes avant la fin de la cuisson du rôti, disposer tous les légumes et le persil autour du rôti.

Lorsque le rôti est à point, retirer le plat à rôtir du four et laisser reposer 5 minutes. Garder chaud.

Placer le plat à rôtir sur le feu et ajouter la farine ; bien remuer. Faire cuire à feu moyen 3 minutes.

Ajouter le bouillon de bœuf et poursuivre la cuisson 5 à 6 minutes. Passer la sauce et servir avec le rôti de bœuf.

Sauce au raifort :

60 ml (4 c. à soupe) de raifort préparé
2 ml (¹/2 c. à thé) de sucre
5 ml (1 c. à thé) de vinaigre blanc
5 ml (1 c. à thé) de moutarde sèche
45 ml (3 c. à soupe) de crème à 35 %
ou de yogourt

Mélanger tous les ingrédients dans une petite casserole et faire cuire à feu doux 4 à 5 minutes. Ne pas faire bouillir.

Servir avec le rôti.

Compote de pommes

pour 4 personnes

750 g (1 ¹/2 livre) de pommes à cuire
30 ml (2 c. à soupe) de beurre
45 ml (3 c. à soupe) de zeste de citron,
haché
50 ml (¹/4 tasse) de cassonade
15 ml (1 c. à soupe) de cannelle
30 ml (2 c. à soupe) d'eau

Peler, évider et émincer les pommes.

Faire fondre le beurre dans une casserole. Ajouter les pommes ; faire cuire 4 à 5 minutes.

Ajouter les autres ingrédients ; couvrir et faire cuire 16 à 18 minutes.

Réduire en purée au mixer. Servir.

Fricassée de poulet

pour 4 personnes

*1 poulet de 1,8 kg (4 livres), coupé en
8 morceaux
750 ml (3 tasses) d'eau
2 gros oignons, coupés en dés
1 branche de céleri, tranchée
1 gros poivron vert, coupé en cubes
125 g (¹/4 livre) de porc salé, coupé en dés
60 ml (4 c. à soupe) de farine
15 ml (1 c. à soupe) de persil
sauce Worcestershire
sel et poivre*

Bien assaisonner les morceaux de poulet et les mettre dans une sauteuse. Couvrir d'eau et amener à ébullition. Couvrir partiellement le plat et faire cuire à feu doux 15 minutes.

Ajouter les oignons et le céleri ; couvrir partiellement et poursuivre la cuisson 14 minutes.

Ajouter le poivron vert ; couvrir partiellement et faire cuire 6 minutes. Retirer le poulet et les légumes de la sauteuse. Mettre de côté.

Verser le liquide de cuisson dans un bol et réserver. Faire cuire le porc salé dans la sauteuse, à feu doux, 3 minutes. Ajouter la farine, mélanger et faire cuire 2 minutes.

Ajouter le liquide de cuisson et le persil ; mélanger avec un fouet. Arroser de sauce Worcestershire. Rectifier l'assaisonnement. Faire cuire à feu doux 8 à 10 minutes.

Ajouter le poulet et les légumes ; laisser mijoter 5 à 6 minutes. Servir.

Poulet aux poivrons sucrés

sel et poivre

pour 4 personnes

1 poulet de 2 kg (4 ¹/₂ livres), sans peau,
coupé en 6 morceaux
250 ml (1 tasse) de farine
30 ml (2 c. à soupe) d'huile végétale
1 poivron rouge, sucré, coupé en dés
1 poivron vert, sucré, coupé en dés
1 gousse d'ail, écrasée, hachée
375 ml (1 ¹/₂ tasse) de bouillon de poulet,
chaud
15 ml (1 c. à soupe) de fécule de maïs
30 ml (2 c. à soupe) d'eau froide
15 ml (1 c. à soupe) de persil haché

Préchauffer le four à 190 °C (375 °F).

Bien assaisonner les morceaux de poulet et saupoudrer de farine.

Faire chauffer l'huile dans un poêlon. Ajouter le poulet et faire cuire 3 à 4 minutes de chaque côté. Puis continuer la cuisson au four, sans couvrir, 15 minutes.

Retirer le poêlon du four et transférer le poulet dans un plat de service. Garder chaud.

Remettre le poêlon sur le feu. Ajouter les poivrons et l'ail ; faire cuire 3 minutes. Ajouter le bouillon de poulet, mélanger et faire cuire 2 minutes. Bien assaisonner.

Délayer la fécule de maïs dans l'eau froide. Incorporer ce mélange à la sauce ; napper le poulet. Saupoudrer de persil. Servir.

Tomates dauphinoises

6 grosses tomates, tranchées
5 ml (1 c. à thé) de sucre
50 ml (¹/₄ tasse) de beurre
375 ml (1 ¹/₂ tasse) de biscuits soda,
émiettés
50 ml (¹/₄ tasse) de bouillon de poulet
15 ml (1 c. à soupe) de persil, haché
sel et poivre

Préchauffer le four à 180 °C (350 °F).
Dans une casserole allant au four, bien beurrée, étendre une couche de tomates. Saler et poivrer ; saupoudrer de sucre. Ajouter des petits morceaux de beurre. Saupoudrer avec une partie des biscuits sodas émiettés.

Répéter et terminer avec une couche de biscuits soda émiettés et quelques petits morceaux de beurre.

Verser le bouillon de poulet sur les tomates. Faire cuire au four 20 minutes. Parsemer de persil. Servir.

Dinde farcie rôtie, sauce aux canneberges

Sauce aux canneberges :

750 g (1 ¹/₂ livre) de canneberges fraîches
250 g (¹/₂ livre) de sucre
50 ml (¹/₄ tasse) d'eau

Amener tous les ingrédients à ébullition dans une casserole en acier inoxydable. Faire cuire à feu très doux 1 heure.
Servir chaud ou froid.

Farce :

250 g (¹/₂ livre) de chapelure de pain blanc
125 g (¹/₄ livre) de graisse de rognon,
hachée
45 ml (3 c. à soupe) de persil
15 ml (1 c. à soupe) de thym
15 ml (1 c. à soupe) de zeste de citron,
haché
1 ml (¹/₄ c. à thé) de muscade
30 ml (2 c. à soupe) de lait
sel et poivre

Mélanger tous les ingrédients dans un grand bol. Si le mélange est trop sec, ajouter un peu plus de lait.

Dinde farcie rôtie :

1 dinde de 4,5 kg (10 livres)
125 ml (¹/₂ tasse) de graisse de rôti, fondue
Farce au thym et au persil
sel et poivre

Préchauffer le four à 200 °C (400 °F).
Temps de cuisson : 20 minutes par 500 g (1 livre).
Enlever le cou et les abats. Rincer la dinde sous l'eau ; bien assécher. Saler et poivrer l'intérieur et l'extérieur.
Farcir légèrement la cavité du cou de la dinde. Replier la peau du cou par-dessus la farce.
Farcir l'intérieur de la dinde sans trop tasser la farce et la ficeler.
Mettre la dinde dans un plat à rôtir allant au four et badigeonner généreusement de graisse de rôti fondue. Faire cuire à 200 °C (400 °F) jusqu'à ce que la dinde soit bien dorée. Puis, réduire le four à 160 °C (325 °F) et poursuivre la cuisson en arrosant toutes les 15 minutes.
Lorsque la dinde est cuite, la retirer du four.
Découper et servir avec la sauce aux canneberges.

Yorkshire pouding

250 ml (1 tasse) d'eau
175 ml (³/₄ tasse) de lait
375 ml (1 ¹/₂ tasse) de farine tout usage
2 ml (¹/₂ c. à thé) de sel
3 œufs
45 ml (3 c. à soupe) de graisse de rôti

Préchauffer le four à 220 °C (425 °F).
Mélanger l'eau et le lait. Mettre de côté.
Tamiser la farine et le sel dans un bol. Ajouter les œufs et la moitié du liquide ; bien mélanger pour obtenir une pâte molle.
Ajouter le reste du liquide, mélanger et mettre au réfrigérateur 1 heure.
Verser la graisse de rôti dans 12 moules à muffin et mettre au four pour chauffer la graisse. Remplir de pâte et faire cuire au four 20 minutes.
Servir avec le rôti.

Poitrines de poulet pochées

pour 4 personnes

2 poitrines de poulet, sans peau, coupées en deux
1 branche de céleri, coupée en dés
1 oignon, coupé en dés
750 ml (3 tasses) de bouillon de poulet, clair, chaud
1 feuille de laurier
45 ml (3 c. à soupe) de beurre
50 ml ($^1/_4$ tasse) de farine
250 g ($^1/_2$ livre) de champignons, lavés, tranchés
$^1/_2$ poivron vert, finement tranché
$^1/_2$ poivron rouge, finement tranché
30 ml (2 c. à soupe) de crème légère
15 ml (1 c. à soupe) de persil, haché
sel et poivre

Mettre les poitrines de poulet dans une casserole. Ajouter le céleri, l'oignon, le bouillon de poulet et la feuille de laurier ; amener à ébullition. Faire cuire à feu doux 15 minutes.

Faire fondre le beurre dans une petite casserole. Ajouter la farine ; mélanger et faire cuire à feu moyen 2 minutes.

Filtrer le liquide de cuisson et l'incorporer au mélange de farine avec un fouet.

Ajouter les champignons et les poivrons ; faire cuire à feu doux 8 minutes. Bien assaisonner. Ajouter la crème ; poursuivre la cuisson 2 minutes.

Ajouter les poitrines de poulet et laisser mijoter 3 à 4 minutes. Parsemer de persil. Servir.

Laitue Boston, sauce aux mille îles

pour 4 personnes

2 laitues Boston, lavées, asséchées
375 ml (1 $^1/_2$ tasse) de mayonnaise
3 tomates cerises, finement hachées
30 ml (2 c. à soupe) de sauce chili
30 ml (2 c. à soupe) de piments forts en boîte, hachés
15 ml (1 c. à soupe) de persil, haché
jus de $^1/_2$ citron
quelques gouttes de sauce Worcestershire
sel et poivre

Mettre les feuilles de laitue dans un grand bol à salade. Saler et poivrer. Arroser de jus de citron.

Mélanger tous les autres ingrédients dans un bol. Bien mélanger et verser sur la laitue ; remuer.

Arroser de jus de citron. Garnir de tranches d'œufs cuits durs. Servir.

Soupe à la queue de bœuf

pour 4 personnes

*2 oignons
2 clous de girofle, entiers
1,4 kg (3 livres) de queue de bœuf, coupée
en morceaux
2 grosses carottes, pelées
1 navet, pelé, coupé en 2
1 feuille de laurier
2 L (8 tasses) d'eau
30 ml (2 c. à soupe) de beurre
une pincée de thym
sel et poivre*

Piquer chaque oignon d'un clou de girofle.

Mettre tous les ingrédients, sauf le beurre, dans une grande casserole. Bien assaisonner. Amener à ébullition et faire cuire à feu doux 1 1/2 heure.

Retirer tous les légumes de la casserole et réserver. Poursuivre la cuisson de la queue de bœuf 1 heure.

Retirer la viande et mettre de côté.

Passer le liquide de cuisson et les légumes au moulin à légumes ou au mixer. Verser le mélange dans une casserole et ajouter la viande. Poursuivre la cuisson 1 heure.

Ajouter le beurre et servir.

Mousse au chocolat

pour 6 personnes

*6 carrés de chocolat, mi-sucré
175 ml (3/4 tasse) de sucre granulé
50 ml (1/4 tasse) de café fort
6 jaunes d'œufs
6 blancs d'œufs, en neige ferme
250 ml (1 tasse) de crème fouettée
30 ml (2 c. à soupe) de rhum*

Mettre le chocolat, le sucre et le café dans un bain-marie ; mélanger et ajouter les jaunes d'œufs. Bien mélanger et faire cuire jusqu'à ce que le mélange devienne crémeux. Retirer du feu et faire refroidir 4 à 5 minutes.

Plier les blancs d'œufs, puis la crème fouettée dans le mélange. Ajouter le rhum.

Verser la mousse au chocolat dans des petits bols en verre et mettre au réfrigérateur 1 heure.

Garnir d'une cerise. Servir.

Pouding au pain et au beurre

pour 4 personnes

*625 ml (2 1/2 tasses) de crème légère
2 œufs
2 jaunes d'œufs
50 ml (1/4 tasse) de sucre granulé
15 ml (1 c. à soupe) de zeste de citron
30 ml (2 c. à soupe) de sirop d'érable
5 tranches de pain blanc, bien beurré
125 ml (1/2 tasse) de groseilles
50 ml (1/4 tasse) de raisins secs
45 ml (3 c. à soupe) de cassonade*

Préchauffer le four à 180 °C (350 °F).

Faire bouillir la crème ; mettre de côté.

Mettre les œufs et les jaunes d'œufs dans un bol. Ajouter le sucre granulé et bien battre. Incorporer la crème, le zeste de citron et le sirop d'érable. Mettre de côté.

Placer les tranches de pain dans un plat allant au four. Parsemer de raisins et de groseilles. Napper de crème. Saupoudrer de cassonade.

Déposer le plat dans un plat à rôtir allant au four, contenant 2,5 cm (1 po) d'eau chaude. Faire cuire au four 30 à 35 minutes.

Laisser refroidir et servir.

Canard rôti au miel

pour 4 personnes

Farce :

30 ml (2 c. à soupe) de beurre
1 oignon, haché
30 ml (2 c. à soupe) de persil, haché
1 branche de céleri, hachée
175 ml (³/4 tasse) de noix, hachées
1 ml (¹/4 c. à thé) de quatre-épices
2 ml (¹/2 c. à thé) de chapelure
1 œuf battu
une pincée de thym
sel et poivre

Faire fondre le beurre dans une casserole. Ajouter l'oignon, le persil et le céleri ; faire cuire 4 à 5 minutes.

Ajouter les noix, les épices et la chapelure ; mélanger, saler et poivrer.

Ajouter suffisamment d'œufs pour lier le mélange.

Canard rôti :

1 canard de 2,2 à 2,7 kg (5 à 6 livres)
1 petit oignon, coupé en dés
1 carotte, pelée, tranchée
500 ml (2 tasses) d'eau
30 ml (2 c. à soupe) de beurre fondu
50 ml (¹/4 tasse) de miel
30 ml (2 c. à soupe) de fécule de maïs

45 ml (3 c. à soupe) d'eau froide
jus de ¹/4 de citron
sel et poivre

Préchauffer le four à 200 °C (400 °F).

Retirer le cou et les abats du canard et les mettre dans une casserole. Ajouter l'oignon et la carotte. Bien assaisonner. Ajouter 500 ml (2 tasses) d'eau et amener à ébullition. Faire cuire à feu doux 1 heure. Égoutter et mettre de côté.

Farcir le canard et le mettre dans un plat à rôtir allant au four. Piquer la peau avec un couteau à éplucher. Badigeonner de beurre fondu.

Badigeonner le canard de miel et faire cuire au four 1 heure à 200 °C (400 °F). Réduire le four à 190 °C (375 °F) et poursuivre la cuisson 40 minutes.

Dresser le canard sur un plat de service.

Retirer le gras du plat à rôtir et déposer le plat sur le feu. Ajouter le bouillon des abats et du cou. Amener à ébullition.

Délayer la fécule de maïs dans l'eau froide. Incorporer ce mélange à la sauce. Rectifier l'assaisonnement et faire cuire 4 à 5 minutes.

Servir avec le canard farci.

La voie naviguable de Trent-Severn aux chutes Fenelon, Ontario. Cette voie de 380 kilomètres relie le lac Ontario et le lac Huron, et trace depuis des centaines d'années une route aux canots à travers les lacs Kawatha.

Tarte aux pommes

5 grosses pommes, pelées, évidées, finement
tranchées
15 ml (1 c. à soupe) de fécule de maïs
15 ml (1 c. à soupe) de cannelle
125 ml (1/2 tasse) de cassonade
15 ml (1 c. à soupe) de beurre
une pincée de sel
une pincée de muscade
quelques gouttes de jus de citron
lait
pâte à tarte.

Préchauffer le four à 220 °C (425 °F).

Foncer un moule à tarte de 22 cm (9 po), de pâte.

Mettre les pommes dans un grand bol. Ajouter le sel, la fécule de maïs, la cannelle et la muscade ; bien mélanger.

Ajouter la moitié de la cassonade ; mélanger de nouveau.

Placer le mélange de pommes dans la pâte à tarte. Ajouter le reste de cassonade et parsemer de petits morceaux de beurre. Arroser de jus de citron. Couvrir de pâte à tarte.

Badigeonner la pâte de lait. Faire cuire au four 8 minutes à 200 °C (425 °F). Réduire la température du four à 190 °C (375 °F) et poursuivre la cuisson 30 à 35 minutes.

Quatre minutes avant la fin de la cuisson, saupoudrer la pâte à tarte d'un mélange de sucre et de cannelle.

Tarte chiffon au citron

1 sachet de gélatine
45 ml (3 c. à soupe) d'eau
2 œufs, séparés
75 ml (1/3 tasse) de sucre
30 ml (2 c. à soupe) de zeste de citron,
râpé
125 ml (1/2 tasse) de crème à 35 %,
fouettée
jus de 1 1/2 citron
1 pâte à tarte de biscuits graham, cuite

Verser la gélatine dans un petit bol. Ajouter l'eau et laisser reposer 3 minutes.

Mettre les jaunes d'œufs, le sucre, le jus de citron et le zeste dans un bain-marie. Mélanger avec un batteur électrique et faire cuire à feu doux jusqu'à ce que le mélange épaississe. Retirer du feu.

Verser le mélange de gélatine dans une petite casserole et faire dissoudre à feu doux. Incorporer le mélange d'œufs. Laisser refroidir en remuant de temps en temps.

Battre les blancs d'œufs en neige ferme, les plier dans le mélange de jaunes d'œufs.

Incorporer la crème fouettée toujours en pliant.

Verser le mélange dans la pâte à tarte. Mettre au réfrigérateur 1 heure. Servir.

Gâteau au fromage avec pâtisserie

Pâte à pâtisserie :

375 ml (1 1/2 tasse) de farine
125 ml (1/2 tasse) de beurre
45 ml (3 c. à soupe) de sucre
2 jaunes d'œufs
une pincée de sel

Tamiser la farine et le sel dans un bol. Ajouter le beurre, le sucre et les œufs ; travailler les ingrédients jusqu'à l'obtention d'une pâte lisse. Faire refroidir 1 heure.

Garniture :

90 ml (6 c. à soupe) de beurre
125 ml (1/2 tasse) de sucre
3 gros œufs, séparés
550 ml (2 1/4 tasses) de fromage cottage
15 ml (1 c. à soupe) de zeste de citron

Préchauffer le four à 190 °C (375 °F).

Étendre la pâte et foncer un moule à tarte de 22 cm (9 po). Piquer la pâte avec une fourchette et faire cuire au four à 190 °C (375 °F) 15 minutes. Mettre de côté.

Mélanger le beurre dans un bol 30 secondes. Ajouter le sucre ; bien mélanger. Ajouter les jaunes d'œufs ; mélanger de nouveau. Incorporer le fromage cottage et le zeste de citron.

Dans un bol en acier inoxydable, battre les blancs d'œufs en neige très ferme. Plier dans le mélange de jaunes d'œufs.

Verser le mélange dans le moule et faire cuire au four, 50 minutes à 180 °C (350 °F).

Servir froid avec de la sauce aux fraises.

Les gerbes d'or du blé de la Saskatchewan.

LES RÉCOLTES DES PRAIRIES

Lorsque vous visiterez les Prairies, prenez le temps de savourer leur délicieuse cuisine près de la terre, saine et riche, à l'image des personnes qui l'ont créée. Plusieurs mets de cette région vous donneront sûrement l'eau à la bouche... chaque bouchée en appelera une autre.

Les Prairies doivent leur nom aux plaines fertiles qui s'étendent à perte de vue, et les abondantes récoltes qu'on y produit fournissent les ingrédients prédominants de la cuisine de ces provinces. Malheureusement, la nature n'a pas toujours été aussi généreuse et, au cours de maintes saisons difficiles, les habitants de l'Ouest ont dû lutter pour sauver leurs précieuses récoltes. Confrontés à des hivers longs et souvent rigoureux, voire impitoyables, les gens des Prairies sont devenus ambitieux et volontaires.

Aujourd'hui, après avoir triomphé de multiples difficultés, les Prairies regorgent de richesses et leur importance pour le reste du pays ne cesse de croître. Les principales ressources de ces provinces, blé et autres céréales, sont probablement les composantes les plus importantes de la cuisine régionale. Que ce soit au foyer ou au restaurant, pains et biscuits font partie du menu quotidien.

Les colonies ukrainiennes et scandinaves dispersées dans les Prairies ont apporté à la cuisine de ces régions et tout particulièrement aux recettes de bœuf tendre une touche européenne. Les visiteurs peuvent apprécier cette viande succulente de diverses façons, sous forme de rôti de côtes ou encore de rôti en cocotte cuit à la vapeur. Et pourquoi ne pas accompagner ces spécialités de kartoshnich ? Cette délicieuse crêpe faite de pommes de terre, d'œufs et de crème, cuite au four peut aussi bien être servie à un brunch. Et comme dessert ? Une généreuse portion de tarte aux petits fruits de Saskatoon garnie de crème fouettée, un dessert de choix pour terminer le repas en beauté.

Nous sommes persuadés qu'un menu mettant l'accent sur des plats des Prairies saura ravir tous les visiteurs.

Pain de crêpes

pour 4 personnes

250 ml (1 tasse) de farine
3 œufs
375 ml (1 ¹/₂ tasse) de lait
45 ml (3 c. à soupe) de beurre fondu
une pincée de sel

Tamiser la farine et le sel dans un bol. Ajouter les œufs et la moitié du lait ; bien fouetter.

Ajouter le reste de lait et le beurre ; fouetter jusqu'à l'obtention d'une pâte lisse. Passer la pâte au tamis et laisser reposer 30 minutes.

Préparer les crêpes.

Garniture :

4 jaunes d'œufs
45 ml (3 c. à soupe) de sucre
250 ml (1 tasse) de crème à 35 %,
légèrement battue
15 ml (1 c. à soupe) de zeste de citron, râpé

Préchauffer le four à 180 °C (350 °F).

Mettre les jaunes d'œufs et le sucre dans un bol. Mélanger au fouet électrique 2 minutes. Ajouter la crème et le zeste de citron ; mélanger de nouveau.

Étendre deux crêpes dans le fond d'un plat allant au four. Recouvrir d'une couche de mélange aux œufs. Continuer à superposer des couches de crêpes et de garniture. Faire cuire au four 15 à 18 minutes.

Servir.

Pain de Saint Basile

675 ml (2 ³/₄ tasses) de farine tamisée
15 ml (1 c. à soupe) de levure sèche active
2 ml (¹/₂ c. à thé) d'anis en poudre
15 ml (1 c. à soupe) de zeste de citron, râpé
175 ml (³/₄ tasse) de lait
75 ml (5 c. à soupe) de beurre
30 ml (2 c. à soupe) de sucre
2 œufs entiers
1 jaune d'œuf
15 ml (1 c. à soupe) d'eau
une pincée de sel
mélange de fruits confits

Mélanger 250 ml (1 tasse) de farine, la levure, l'anis et le zeste de citron au fouet électrique.

Faire chauffer le lait, le beurre, le sucre et le sel dans une casserole. Faire cuire jusqu'à ce que le mélange soit chaud. Ne pas laisser bouillir !

Ajouter le mélange de lait aux ingrédients secs, avec le fouet électrique. Bien mélanger.

Ajouter les œufs et le reste de farine ; mélanger jusqu'à l'obtention d'une pâte lisse.

Travailler la pâte 5 minutes sur une surface légèrement enfarinée. Façonner la pâte en boule, la placer dans un bol préalablement beurré et la tourner jusqu'à ce qu'elle soit complètement enrobée de beurre. Couvrir d'une serviette et laisser lever la pâte dans un endroit chaud 1 ¹/₂ heure.

Préchauffer le four à 190 °C (375 °F).

Donner un coup de poing dans la pâte. Mettre la moitié de la pâte aplatie dans un moule à gâteau rond de 22 cm (9 po). Façonner le reste de pâte en deux rouleaux de la grosseur d'une ficelle, de 40 à 46 cm (16 à 18 po) de longueur. Plier les rouleaux en deux et les tordre. Attacher les rouleaux pour former un cercle de 18 cm (7 po) de diamètre. Placer par-dessus la pâte dans le moule à gâteau.

Battre les jaunes d'œuf et l'eau. Badigeonner la pâte avec ce mélange et parsemer de fruits confits.

Laisser lever la pâte dans un endroit chaud 25 minutes.

Faire cuire 20 minutes, puis réduire le four à 180 °C (350 °F) ; poursuivre la cuisson 15 minutes.

Laisser refroidir sur une grille.

Fameux ragoût de paleron de l'Ouest

250 ml (1 tasse) de farine
5 ml (1 c. à thé) de sel
2 ml (1/2 c. à thé) de poivre
1,8 kg (4 livres) de bœuf dans le paleron
45 ml (3 c. à soupe) de graisse de rôti
2 oignons, pelés, coupés en gros cubes
1 branche de céleri, coupée en gros cubes
1 L (4 tasses) de bouillon de bœuf, chaud
30 ml (2 c. à soupe) de pâte de tomate
1 feuille de laurier
sel et poivre

Préchauffer le four à 180 °C (350 °F).

Mélanger la farine, le sel et le poivre dans un bol. Saupoudrer le bœuf de farine assaisonnée ; mettre de côté.

Faire chauffer la moitié de la graisse de rôti dans une casserole en fonte. Lorsqu'elle est très chaude, ajouter la moitié du bœuf. Faire dorer tous les côtés 5 à 6 minutes.

Retirer le bœuf et mettre de côté. Ajouter le reste de graisse de bœuf dans la casserole ; faire dorer l'autre moitié de la viande.

Remettre le bœuf doré dans la casserole et ajouter les autres ingrédients. Bien assaisonner et amener à ébullition.

Couvrir et faire cuire au four 2 1/2 heures.

Servir avec du kartoshnich.

Riz sauvage aux légumes

250 ml (1 tasse) de riz sauvage
1 L (4 tasses) d'eau
5 ml (1 c. à thé) d'huile
30 ml (2 c. à soupe) de beurre
1/2 branche de céleri, coupée en dés
1 gousse d'ail, écrasée, hachée
250 g (1/2 livre) de champignons, lavés, coupés en deux
1/2 poivron vert, coupé en dés
sel et poivre

Mettre le riz dans une grande casserole. Couvrir d'eau et saler ; bien mélanger. Amener à ébullition, couvrir, et faire cuire à feu doux 40 minutes.

Égoutter le riz et garder au chaud dans le four.

Faire chauffer l'huile et le beurre dans une casserole. Ajouter le céleri et l'ail ; faire cuire 3 minutes.

Incorporer les champignons et le poivron vert. Assaisonner et faire cuire 4 minutes.

Mélanger les légumes au riz et servir.

Canard rôti aux pommes

125 ml (1/2 tasse) de raisins secs
50 ml (1/4 tasse) de whisky canadien
1 canard de 2,3 kg (5 livres)
1 oignon, finement haché
500 ml (2 tasses) de bouillon de bœuf, chaud
15 ml (1 c. à soupe) de fécule de maïs
45 ml (3 c. à soupe) d'eau
45 ml (3 c. à soupe) de beurre
3 pommes, évidées, pelées, tranchées
30 ml (2 c. à soupe) de cassonade
5 ml (1 c. à thé) de cannelle
sel et poivre

Préchauffer le four à 220 °C (425 °F).

Dans un petit bol, faire mariner les raisins dans le whisky. Pendant ce temps, retirer les abats du canard. Laver le canard, l'assécher et découper le surplus de peau.

Assaisonner l'intérieur canard et le ficeler. Placer dans un plat à rôtir allant au four et piquer la peau avec un couteau bien affilé. Faire cuire 1 heure.

Retirer le plat du four et baisser le four à 190 °C (375 °F). Retirer l'excès de gras du plat et poursuivre la cuisson du canard 1 1/2 heure. Bien assaisonner pendant la cuisson. Vingt minutes avant la fin de la cuisson, ajouter les oignons.

Retirer le plat du four et le déposer sur le feu. Ajouter le whisky (sans raisins) et faire flamber. Dresser le canard dans un plat allant au four et garder au chaud.

Verser le bouillon de bœuf dans le plat allant au four ; poursuivre la cuisson 6 minutes. Délayer la fécule de maïs dans l'eau ; incorporer à la sauce. Filtrer la sauce, ajouter les raisins et garder au chaud.

Faire chauffer le beurre dans une poêle à frire. Ajouter les pommes, couvrir et faire cuire à feu moyen 5 minutes. Incorporer la cassonade et la cannelle. Poursuivre la cuisson 5 minutes.

Servir les pommes sautées avec le canard et la sauce.

Soufflé à la mode tchécoslovaque

pour 4 personnes

6 œufs, séparés
60 ml (4 c. à soupe) de sucre
250 ml (1 tasse) de fruits secs, hachés
15 ml (1 c. à soupe) de fécule de maïs
zeste de 1 citron

Préchauffer le four à 200 °C (400 °F).

Mettre les jaunes d'œufs dans un bol. Ajouter le sucre et battre au fouet électrique quelques secondes.

Mélanger les fruits secs et la fécule de maïs et incorporer au mélange de jaunes d'œufs. Ajouter le zeste de citron.

Monter les œufs en neige ferme. Incorporer au mélange de jaunes d'œufs.

Verser dans un ramequin. Faire cuire au four 25 minutes.

Servir immédiatement.

Bœuf braisé

pour 4 personnes

45 ml (3 c. à soupe) de graisse de bœuf
1,8 kg (4 livres) de bœuf dans la poitrine
2 oignons, pelés, coupés en 4
2 branches de céleri, coupées en gros dés
3 clous de girofle
1 à 1,2 L (4 à 5 tasses) de bouillon de bœuf, chaud
1 gros navet, pelé, coupé en 6
5 carottes, pelées
2 poireaux, lavés
45 ml (3 c. à soupe) de fécule de maïs
60 ml (4 c. à soupe) d'eau
sel et poivre

Préchauffer le four à 150 °C (300 °F).

Faire chauffer la graisse de bœuf dans une casserole en fonte. Ajouter la poitrine de bœuf et saisir à feu vif 10 à 12 minutes.

Bien assaisonner et ajouter les oignons. Poursuivre la cuisson à feu moyen 3 à 4 minutes.

Incorporer le céleri et les clous de girofle et recouvrir de bouillon de bœuf. Bien assaisonner, amener à ébullition, et couvrir.

Faire cuire au four 3 heures.

Une heure avant la fin de la cuisson, ajouter les légumes dans la casserole.

À la fin de la cuisson, retirer 750 ml (3 tasses) de liquide de cuisson et le verser dans une casserole. Délayer la fécule de maïs dans l'eau ; verser dans la casserole. Mélanger et laisser cuire 2 minutes pour épaissir la sauce.

Servir la sauce avec le bœuf et les légumes.

Kartoshnich (gâteau aux pommes de terre)

pour 4 personnes

6 grosses pommes de terre, lavées, non pelées
5 gros œufs
125 ml (1/2 tasse) de crème à 35 %
45 ml (3 c. à soupe) de beurre fondu
pincée de muscade
sel et poivre

Préchauffer le four à 220 °C (425 °F).

Placer les pommes de terre dans une grosse casserole et couvrir d'eau. Bien saler et amener à ébullition.

Lorsque la cuisson est terminée, laisser refroidir et peler. Écraser les pommes de terre dans un grand bol ; bien assaisonner.

Mélanger les œufs et la crème. Ajouter la muscade et bien assaisonner.

Badigeonner de beurre fondu un plat rectangulaire de 30 cm (12 po) allant au four. Remplir de mélange aux pommes de terre et faire cuire 25 à 30 minutes.

Servir avec du bœuf.

Steaks d'aloyau sur charbon de bois, à la mode de l'Ouest

pour 6 personnes

30 ml (2 c. à soupe) d'huile
125 ml (¹/2 tasse) d'oignons, hachés
2 gousses d'ail, écrasées, hachées
500 ml (2 tasses) de sauce chili
15 ml (1 c. à soupe) de sauce
Worcestershire
30 ml (2 c. à soupe) de vin rouge sec
ou de vinaigre de cidre
50 ml (¹/4 tasse) de cassonade
6 steaks d'aloyau, de 4 cm (1 ¹/2 po)
d'épaisseur
sauce barbecue au goût
jus de 1 citron
quelques gouttes de sauce Tabasco
pincée de paprika
sel et poivre

Faire chauffer l'huile dans une casserole. Ajouter les oignons et l'ail ; faire cuire à feu moyen 4 à 5 minutes.

Ajouter le reste des ingrédients, sauf les steaks d'aloyau. Amener à ébullition, puis poursuivre la cuisson 20 minutes.

Badigeonner généreusement les steaks de ce mélange. Faire cuire au charbon de bois 6 à 7 minutes de chaque côté. Arroser souvent pendant la cuisson.

Servir avec une salade verte.

Brochet farci

pour 4 personnes

1 brochet de 2,3 à 2,8 kg (5 à 6 livres)
10 tranches de pain blanc, trempées dans
du lait
2 oignons, finement tranchés
2 œufs
3 carottes, finement tranchées
2 betteraves, pelées, finement tranchées
125 ml (¹/2 tasse) d'eau
une pincée de thym
jus de ¹/2 citron
sel et poivre

Préchauffer le four à 180 °C (350 °F).

Couper le brochet en quatre morceaux égaux. Retirer soigneusement la chair sans abîmer la peau. Mettre la peau de côté.

Retirer les arêtes et mettre la chair dans le mixer. Retirer l'excès de lait du pain et placer le pain dans le mixer.

Ajouter les oignons, les œufs, le thym et bien assaisonner. Mélanger 30 secondes.

Farcir la peau de ce mélange. Mettre une couche de légumes dans le plat de cuisson. Déposer le brochet et le recouvrir avec le reste de légumes.

Verser l'eau et le jus de citron. Assaisonner, couvrir et faire cuire 2 1/2 heures.

Passer les légumes à la passoire et servir avec le brochet farci.

Chili du Stampede

pour 4 personnes

250 g (1/2 livre) de haricots rouges, secs, trempés pendant 6 heures
15 ml (1 c. à soupe) d'huile
15 ml (1 c. à soupe) de beurre
1 oignon rouge, haché
2 gousses d'ail, écrasées, hachées
500 g (1 livre) de steak de ronde, coupé en dés
2 ml (1/2 c. à thé) de chili en poudre
2 ml (1/2 c. à thé) de paprika
2 ml (1/2 c. à thé) de poivron rouge, écrasé
375 ml (1 1/2 tasse) de tomates, pelées, hachées
plusieurs gouttes de sauce Tabasco
sel et poivre

Faire égoutter les haricots et les mettre dans une casserole contenant assez d'eau bouillante salée pour les recouvrir.

Couvrir la casserole et faire cuire les haricots à feu doux 1/2 heure.

Pendant ce temps, faire chauffer l'huile et le beurre dans une poêle à frire à feu moyen. Ajouter les oignons et la viande. Faire cuire 2 minutes.

Ajouter l'ail et les épices ; mélanger et faire cuire 3 à 4 minutes.

Ajouter les haricots au mélange de viande. Poursuivre la cuisson à feu doux 30 minutes.

Ajouter les tomates. Rectifier l'assaisonnement et faire cuire doucement 1/2 heure.

Servir sur du pain grillé.

Ragoût de lapin des Prairies

pour 4 personnes

125 ml (1/2 tasse) de farine
1 lapin ou 1 lièvre de 1,8 kg (4 livres), coupé en morceaux
45 ml (3 c. à soupe) d'huile
1 gousse d'ail, écrasée, hachée
1 oignon, pelé et haché
250 ml (1 tasse) de bouillon de bœuf
4 tomates, épépinées, coupées en 4
1 feuille de laurier
2 ml (1/2 c. à thé) de thym
1 navet, pelé et coupé en 4
sel et poivre

Préchauffer le four à 180 °C (350 °F).

Bien assaisonner la farine de sel et de poivre. Enfariner les morceaux de lapin.

Faire chauffer l'huile dans une grande poêle à frire. Ajouter le lapin et saisir 6 à 7 minutes.

Incorporer l'ail et l'oignon ; poursuivre la cuisson 3 minutes. Mélanger le bouillon de bœuf, les tomates et les épices. Bien assaisonner.

Amener à ébullition et couvrir. Faire cuire au four 1 heure 15 minutes.

Quarante minutes avant la fin de la cuisson, ajouter le navet.

Servir.

Salade de chou

pour 4 personnes

1 petit chou
2 carottes
1 oignon
125 ml (1/2 tasse) de sucre
175 ml (3/4 tasse) d'huile végétale
175 ml (3/4 tasse) de vinaigre blanc
15 ml (1 c. à soupe) de moutarde préparée
jus de 1/2 citron
sel et poivre

Mettre tous les légumes dans le robot culinaire.

Mettre les autres ingrédients dans une casserole. Faire cuire 3 à 4 minutes ; bien mélanger.

Verser sur les légumes et laisser mariner 24 heures. Servir.

Champ de Canola près de Rosenfeld, Manitoba.

Gigot d'agneau rôti au romarin

pour 4 personnes

1 gigot d'agneau de 2,3 kg (5 livres),
préparé par le boucher pour être rôti
3 gousses d'ail, écrasées, hachées
15 ml (1 c. à soupe) de romarin
60 ml (4 c. à soupe) d'huile
2 oignons, pelés et coupés en dés
500 ml (2 tasses) de bouillon de bœuf, clair
5 ml (1 c. à thé) de persil, haché
30 ml (2 c. à soupe) de fécule de maïs
45 ml (3 c. à soupe) d'eau
sel et poivre

Préchauffer le four à 240 °C (450 °F).

Avec un petit couteau bien affilé, retirer la plupart du gras et de la peau du gigot. Inciser légèrement la chair et le gras. Mélanger 2 gousses d'ail et le romarin et frotter l'agneau avec ce mélange. Badigeonner ensuite d'huile.

Faire cuire le gigot dans un plat à rôtir allant au four ; compter 15 minutes par 500 g (1 livre). Augmenter le temps de cuisson de 5 minutes pour une viande bien cuite. Assaisonner et arroser d'huile durant la cuisson.

Vingt minutes avant la fin de la cuisson, ajouter les oignons et l'autre gousse d'ail dans le plat à rôtir.

Lorsque le gigot est cuit, le retirer du plat et le mettre de côté. Déposer le plat à rôtir sur le feu et retirer les 2/3 de la graisse.

Ajouter le bouillon de bœuf et le persil ; faire bouillir 5 minutes.

Délayer la fécule de maïs dans l'eau ; mélanger dans le plat. Laisser mijoter plusieurs minutes.

Passer la sauce au tamis, assaisonner et servir avec le gigot.

Soupe à la viande et au concombre

pour 4 à 6 personnes

750 g (1 1/2 livre) de bœuf dans la ronde,
coupé en cubes de 2,5 cm (1 po)
500 g (1 livre) de jambon, coupé en dés de
2,5 cm (1 po)
45 ml (3 c. à soupe) de beurre
2 oignons, pelés, tranchés
3 saucisses, tranchées

1 concombre, épépiné et tranché
125 g (1/4 livre) de champignons, lavés et
tranchés
2 tomates, pelées, épépinées
et coupées en 6
sel et poivre
tranches de citron pour garnir

Mettre le bœuf et le jambon dans une casserole ; couvrir d'eau. Amener à ébullition et faire cuire 3 minutes. Écumer, réduire le feu et poursuivre la cuisson 1 1/2 heure.

Faire chauffer le beurre dans une sauteuse. Ajouter les oignons et les saucisses ; couvrir et faire cuire 3 minutes.

Incorporer le concombre, les champignons et les tomates. Assaisonner et faire cuire à feu vif 3 à 4 minutes.

Quinze minutes avant la fin de la cuisson, ajouter les légumes dans la casserole.

Servir avec des tranches de citron.

Tarte aux petits fruits

pour 4 à 6 personnes

1,2 L (5 tasses) de petits fruits, lavés
60 ml (4 c. à soupe) d'eau
250 ml (1 tasse) de sucre
45 ml (3 c. à soupe) de farine
30 ml (2 c. à soupe) de zeste de citron, râpé
pâte à tarte pour le fond et le dessus d'une
tarte
jus de 1 citron

Préchauffer le four à 200 °C (400 °F).

Mettre les petits fruits dans une casserole moyenne. Ajouter l'eau, le jus de citron et le sucre. Incorporer la farine et le zeste de citron.

Bien mélanger et amener à ébullition. Couvrir et faire cuire à feu doux 8 minutes.

Foncer un moule à tarte de pâte. Remplir avec le mélange aux petits fruits. Couvrir de pâte et sceller les bords. Piquer la pâte et badigeonner d'œuf.

Faire cuire la tarte au four 12 minutes. Réduire le four à 190 °C (375 °F) ; poursuivre la cuisson 25 à 30 minutes.

Servir froid avec de la crème fouettée.

Kulich

175 ml (³/4 tasse) de rhum brun
2 ml (¹/2 c. à thé) de safran
250 ml (1 tasse) de fruits confits, mélangés
1,2 L (5 tasses) de farine, tamisée
45 ml (3 c. à soupe) d'eau tiède
45 ml (3 c. à soupe) de levure sèche, active
300 ml (1 ¹/4 tasse) de cassonade
300 ml (1 ¹/4 tasse) de crème à 10 %
175 ml (³/4 tasse) de beurre, ramolli
4 œufs, séparés
175 ml (³/4 tasse) d'amandes grillées,
moulues

Mélanger le rhum et le safran ; mettre de côté.

Dans un autre bol, mélanger les fruits et 250 ml (1 tasse) de farine ; mettre de côté.

Mettre l'eau, la levure et 45 ml (3 c. à soupe) de sucre dans un petit bol. Mélanger et attendre que des bulles se forment en surface.

Dans un robot culinaire, mélanger la crème, le beurre et le reste de sucre. Incorporer les jaunes d'œufs. Ajouter les amandes, le mélange de levure et le reste de farine. Bien mêler avec le crochet à pâtisserie afin d'obtenir un mélange homogène.

Travailler légèrement la pâte sur une surface enfarinée. Façonner en boule, placer dans un bol préalablement beurré et tourner la pâte jusqu'à ce qu'elle soit complètement enrobée de beurre. Avec un couteau bien affilé, pratiquer une incision en forme de croix sur le dessus de la pâte. Couvrir d'une serviette et faire lever dans un endroit chaud 1 ¹/2 heure.

Abaisser la pâte d'un coup de poing et la remettre dans le robot culinaire. Incorporer le rhum et le mélange de fruits. Monter les blancs d'œufs en neige ferme et les incorporer à la pâte.

Mettre la pâte dans un bol préalablement beurré et la tourner jusqu'à ce qu'elle soit complètement enrobée de beurre. Couvrir et laisser lever dans un endroit chaud 1 heure.

Beurrer 4 petits moules à pain cylindriques de 23 cm (9 po). Déposer la pâte dans les moules, couvrir et laisser lever 2 heures.

Préchauffer le four à 190 °C (375 °F).

Faire cuire la pâte 30 minutes, puis réduire la température du four à 190 °C (375 °F) ; poursuivre la cuisson 50 minutes.

Laisser refroidir sur une grille.

Les silos à grains sont communs au Canada, mais surtout dans les Provinces des Prairies : l'Alberta, la Saskatchewan et le Manitoba.

Ragoût d'agneau et de haricots blancs

pour 4 à 6 personnes

250 ml (1 tasse) de haricots blancs, secs
1 L (4 tasses) d'eau
30 ml (2 c. à soupe) d'huile
1 épaule d'agneau de 1,8 kg (4 livres), sans gras, coupée en cubes de 2,5 cm (1 po)
1 gousse d'ail, écrasée, hachée
2 oignons, pelés, coupés en dés
796 ml (28 onces) de tomates en boîte, avec le jus
1 L (4 tasses) de bouillon de bœuf
2 ml ($^1/_2$ c. à thé) de chili en poudre
2 pommes, évidées, hachées
sel et poivre

Préchauffer le four à 180 °C (350 °F).

Mettre les haricots dans un bol et couvrir d'eau. Laisser tremper 12 heures, puis égoutter.

Faire chauffer l'huile dans une grande casserole allant au four. Faire brunir la viande 6 à 7 minutes. Ajouter l'ail et les oignons ; bien assaisonner. Faire cuire 3 à 4 minutes.

Incorporer les tomates et le bouillon de bœuf. Ajouter les haricots, assaisonner et amener à ébullition.

Ajouter le chili en poudre, couvrir et faire cuire au four 2 $^1/_2$ heures. Trente minutes avant la fin de la cuisson, ajouter les pommes.

Servir.

Porc braisé à l'ukrainienne

pour 4 personnes

30 ml (2 c. à soupe) de graisse de porc
1,4 kg (3 livres) de porc dans le filet, désossé, sans gras
3 gousses d'ail, écrasées, hachées
5 ml (1 c. à thé) de graines de carvi
1 carotte, coupée en tranches de 0,60 cm ($^1/_4$ po) d'épaisseur
1 oignon, finement tranché
250 ml (1 tasse) de bouillon de bœuf, chaud
15 ml (1 c. à soupe) de pâte de tomate
15 ml (1 c. à soupe) de fécule de maïs
30 ml (2 c. à soupe) d'eau

250 ml (1 tasse) de crème sure
un peu de paprika
ciboulette au goût
sel et poivre

Faire fondre la graisse dans une grosse cocotte. Ajouter le porc et le faire brunir de tous les côtés. Bien assaisonner.

Ajouter l'ail, les graines de carvi, la carotte et l'oignon. Bien mélanger, couvrir et faire cuire à feu doux 2 $^1/_2$ heures.

Une heure avant la fin de la cuisson, ajouter le bouillon de bœuf et la pâte de tomate.

Lorsque la viande est cuite, la dresser sur un plat de service. Remettre la cocotte sur le feu. Délayer la fécule de maïs dans l'eau, et incorporer ce mélange au liquide de cuisson.

Faire cuire à feu vif 3 à 4 minutes. Retirer du feu et ajouter la crème, la ciboulette et le paprika. Bien assaisonner.

Trancher le porc et le servir avec la sauce.

Côtes de bison

pour 4 personnes

30 ml (2 c. à soupe) de sauce soja
50 ml ($^1/_4$ tasse) de vinaigre de cidre
250 ml (1 tasse) de sauce chili
2 gousses d'ail, écrasées, hachées
170 ml (6 onces) de jus de tomate en boîte
15 ml (1 c. à soupe) de cassonade
4 à 5 côtes de bison, coupées en morceaux de 13 cm (5 po)
jus de 1 citron
quelques gouttes de sauce Tabasco
sel et poivre

Préchauffer le four à 220 °C (425 °F).

Mélanger la sauce soja, le vinaigre de cidre, la sauce chili, le jus de citron, l'ail et le jus de tomate dans un bol. Assaisonner et ajouter la sauce Tabasco. Incorporer la cassonade.

Mettre les côtes de bison dans un plat à rôtir allant au four. Napper de sauce et couvrir d'un papier d'aluminium. Faire cuire 2 heures.

Retirer le papier d'aluminium et poursuivre la cuisson 1 heure. Mélanger 2 à 3 fois pendant la cuisson.

Servir avec du riz sauvage.

Pommes de terre assaisonnées à la crème

pour 4 personnes

60 ml (4 c. à soupe) d'huile
30 petites pommes de terre rondes, lavées
90 ml (6 c. à soupe) de crème à 35 %
30 ml (2 c. à soupe) de fenouil frais, haché
sel et poivre

Faire chauffer l'huile dans une cocotte en fonte. Ajouter les pommes de terre entières et bien assaisonner.

Couvrir partiellement et faire cuire à feu moyen 20 minutes.

À la fin de la cuisson, ajouter la crème et le fenouil. Rectifier l'assaisonnement et faire cuire 2 minutes.

Remuer et servir.

Tourte aux baies de Saskatoon

pour 4 à 6 personnes

Pâte à gâteau :

6 œufs, séparés
250 ml (1 tasse) de sucre
5 ml (1 c. à thé) de vanille
125 ml (¹/2 tasse) de farine à gâteau, tamisée
5 ml (1 c. à thé) de poudre à pâte
50 ml (¹/4 tasse) d'amandes en poudre
une pincée de sel

Préchauffer le four à 180 °C (350 °F).
Beurrer 2 moules à gâteau de 23 cm (9 po).
Mettre les jaunes d'œufs dans un bol et mélanger une minute au mixer. Ajouter le sucre et battre de nouveau 2 à 3 minutes. Incorporer la vanille.

Dans un autre bol, tamiser la farine, la poudre à pâte, les amandes et le sel. Incorporer les jaunes d'œufs.

Monter les blancs d'œufs en neige ferme et plier dans le mélange.

Séparer la pâte dans les moules. Faire cuire 25 à 30 minutes. Laisser refroidir sur une grille à gâteau.

Garniture :

750 ml (3 tasses) de baies de Saskatoon, lavées

500 ml (2 tasses) de sucre
30 ml (2 c. à soupe) de jus de citron
500 ml (2 tasses) de crème fouettée à 35 %

Mettre les petits fruits, le sucre et le jus de citron dans une casserole. Faire cuire 6 à 7 minutes. Laisser refroidir.

Séparer chaque gâteau en deux. Étendre une couche de petits fruits et une couche de crème fouettée sur la base du gâteau. Replacer l'autre partie du gâteau.

Superposer les autres couches de gâteau et de garniture. Décorer avec le reste de crème fouettée.

Bonbons au miel

50 ml (¹/4 tasse) de miel
250 g (¹/2 livre) de noix, hachées
250 g (¹/2 livre) d'amandes, hachées
2 ml (½ c. à thé) de cannelle
15 ml (1 c. à soupe) de zeste de citron, râpé

Mettre tous les ingrédients dans une casserole. Amener à ébullition et faire cuire 3 à 4 minutes, en remuant continuellement.

Huiler légèrement une plaque en marbre ou une plaque à biscuits. Étendre le mélange et laisser refroidir 2 minutes.

Briser en petits morceaux.

Steak de bison au four

pour 4 à 6 personnes

15 ml (1 c. à soupe) d'huile
1,4 kg (3 livres) de steak de bison, de
5 cm (2 po) d'épaisseur
30 ml (2 c. à soupe) de beurre fondu
sel et poivre

Préchauffer le four à 220 °C (425 °F).
Enduire d'huile l'intérieur d'une cocotte en fonte. Mettre au four 3 à 4 minutes.

Pendant ce temps, bien poivrer le steak et le badigeonner de beurre fondu.

Déposer le steak dans la cocotte et faire cuire au four, 8 minutes de chaque côté. Augmenter la cuisson de 2 minutes de chaque côté pour obtenir un steak bien cuit.

Servir.

Poulet à la crème sure

pour 4 personnes

30 ml (2 c. à soupe) de beurre
1 poulet de 1,8 kg (4 livres), lavé,
coupé en 6
2 poireaux (le blanc seulement) lavés,
tranchés
1 grosse carotte, tranchée
75 ml (1/3 tasse) de bouillon de poulet,
chaud
250 ml (1 tasse) de crème sure
15 ml (1 c. à soupe) de ciboulette, hachée
un peu de paprika
sel et poivre

Préchauffer le four à 180 °C (350 °F).

Faire chauffer le beurre dans une sauteuse. Ajouter les morceaux de poulet et les légumes ; bien assaisonner. Faire cuire 6 à 7 minutes sur la cuisinière, en remuant une seule fois.

Couvrir et faire cuire au four 35 à 40 minutes.

Lorsque la cuisson est terminée, retirer le poulet et mettre de côté. Déposer la sauteuse sur le feu. Verser le bouillon de poulet et faire cuire à feu vif 2 à 3 minutes.

Retirer du feu, remettre les morceaux de poulet et ajouter la crème sure. Bien mélanger et assaisonner.

Incorporer la ciboulette et le paprika. Servir.

Borsch du Manitoba

pour 6 personnes

Betteraves fermentées :
6 à 7 betteraves

Laver et bien nettoyer les betteraves. Les couper en deux et mettre dans un grand bocal. Couvrir d'eau tiède et fermer hermétiquement.

Garder à la température de la pièce plusieurs jours.

6 à 7 betteraves fermentées
900 g (2 livres) de palette de bœuf, sans
gras
1 oignon moyen
2 carottes, hachées
796 ml (28 onces) de tomates en boîte,
égouttées, hachées
4 petites pommes de terre
liquide des betteraves
ail haché, au goût
pincée de sucre
sel et poivre

Mettre tous les ingrédients, sauf les pommes de terre, dans une grande casserole. Bien assaisonner et faire cuire à feu doux 2 à 2 1/2 heures ou jusqu'à bien cuit.

Quarante minutes avant la fin de la cuisson, ajouter les pommes de terre.

Avant de servir, trancher les légumes et garnir de crème sure.

Biscuits aux amandes

250 ml (1 tasse) de beurre mou, non salé
125 ml (1/2 tasse) de sucre
1 jaune d'œuf
175 ml (3/4 tasse) d'amandes moulues
15 ml (1 c. à soupe) d'essence de vanille
500 ml (2 tasses) de farine tamisée
amandes entières pour garnir

Préchauffer le four à 180 °C (350 °F).

Dans un robot culinaire, mélanger le beurre, le sucre et les jaunes d'œufs 2 minutes. Ajouter les autres ingrédients et bien mélanger.

Façonner des petites boules de pâte. Mettre sur une plaque à biscuits préalablement beurrée. Presser légèrement une amande sur chaque biscuit.

Faire cuire au four 10 à 12 minutes. Laisser refroidir sur une grille.

Biscuits traditionnels au sucre

125 ml (¹/₂ tasse) de sucre
125 ml (¹/₂ tasse) de beurre non salé
2 œufs
125 ml (¹/₂ tasse) de crème sure
5 ml (1 c. à thé) de poudre à pâte
625 ml (2 ¹/₂ tasses) de farine tamisée

Préchauffer le four à 190 °C (375 °F).

Beurrer et enfariner légèrement une plaque à biscuits.

Réduire le sucre et le beurre en crème avec un robot culinaire. Ajouter les œufs et bien mélanger. Ajouter la crème sure ; bien mélanger.

Sur une surface bien enfarinée, étendre la pâte très mince. Découper des formes à l'aide d'un emporte-pièce. Faire cuire sur une plaque à biscuits 8 à 10 minutes. Laisser refroidir sur une grille.

Poulet sauté à l'européenne

pour 4 personnes

30 ml (2 c. à soupe) de graisse végétale
1 poulet de 1,8 kg (4 livres) coupé en 8 morceaux
125 ml (¹/₂ tasse) de farine
15 ml (1 c. à soupe) de paprika
1 oignon espagnol, finement haché
1 poivron vert, coupé en petits dés
1 poivron rouge, coupé en petits dés
3 tomates, pelées, épépinées, hachées
250 ml (1 tasse) de bouillon de poulet, chaud
45 ml (3 c. à soupe) de crème à 35 %
sel et poivre

Préchauffer le four à 180 °C (350 °F).

Faire fondre la graisse végétale dans une grande casserole allant au four.

Saupoudrer les morceaux de poulet de farine, saler et poivrer et faire revenir 3 à 4 minutes de chaque côté.

Ajouter le paprika, l'oignon, les poivrons vert et rouge ; bien mélanger.

Ajouter les tomates et le bouillon de poulet ; mélanger et amener à ébullition. Bien assaisonner. Couvrir et faire cuire au four 40 minutes.

Retirer la casserole du four et incorporer la crème. Servir avec des petits pois.

Bouillon de viande à l'ukrainienne

pour 4 personnes

900 g (2 livres) de graisse de bœuf
900 g (2 livres) de chou, râpé
2 carottes, finement tranchées
1 navet, finement tranché
2 oignons, finement tranchés
2 pommes de terre, finement tranchées
sel et poivre

Mettre le bœuf dans une grande casserole. Couvrir d'eau froide et amener à ébullition. Écumer et égoutter. Couvrir le bœuf d'eau fraîche ; bien assaisonner.

Couvrir la casserole partiellement, amener à ébullition, et faire cuire 2 ¹/₂ à 3 heures. 40 minutes avant la fin de la cuisson, ajouter les légumes. Rectifier l'assaisonnement.

Servir dans une grande soupière et bien assaisonner.

Église ukrainienne près de Sheho, Saskatchewan.

Gâteau aux pommes et aux noix

pour 6 à 8 personnes

125 ml (1/2 tasse) de beurre
375 ml (1 1/2 tasse) de sucre
15 ml (1 c. à soupe) de vanille
175 ml (3/4 tasse) de farine
227 g (8 onces) de fromage en crème, ramolli
2 œufs
5 pommes, évidées, pelées, émincées
30 ml (2 c. à soupe) de rhum
125 ml (1/2 tasse) de noix, hachées

Préchauffer le four à 220 °C (425 °F).

Dans un bol, réduire en crème le beurre et 125 ml (1/2 tasse) de sucre. Ajouter la vanille et la farine. Bien mélanger la pâte et l'étendre.

Beurrer un moule démontable de 23 cm (9 po) de diamètre.

Foncer de pâte.

Dans un bol, réduire en crème le fromage et 125 ml (1/2 tasse) de sucre. Ajouter les œufs et mélanger au batteur électrique. Étendre le mélange sur la pâte.

Mélanger les pommes et le reste de sucre. Incorporer le rhum. Disposer également les pommes sur le mélange de fromage en crème.

Saupoudrer les pommes de noix. Faire cuire au four 40 à 45 minutes.

Laisser refroidir et servir avec de la crème épaisse.

Pain au gingembre

pour 6 à 8 personnes

175 ml (3/4 tasse) de saindoux
175 ml (3/4 tasse) de sucre
2 œufs
425 ml (1 3/4 tasse) de farine tamisée
5 ml (1 c. à thé) de gingembre, haché
5 ml (1 c.à thé) de cannelle
2 ml (1/2 c. à thé) de muscade
5 ml (1 c. à thé) de poudre à pâte
250 ml (1 tasse) d'eau bouillante
125 ml (1/2 tasse) de mélasse
une pincée de sel

Préchauffer le four à 180 °C (350 °F).

Dans un bol, réduire en crème le saindoux et le sucre, avec un batteur électrique. Ajouter les œufs, un à un, en remuant après chaque addition.

Tamiser ensemble tous les autres ingrédients. Incorporer la moitié du mélange en crème ; bien mélanger.

Mélanger la moitié de l'eau bouillante ; bien remuer. Ajouter la mélasse. Bien mélanger, et incorporer l'autre moitié d'eau. Ajouter le reste des ingrédients tamisés et battre jusqu'à l'obtention d'une pâte lisse.

Verser dans des moules carrés en téflon, préalablement beurrés. Faire cuire au four 40 à 45 minutes.

Lanières de bœuf, sauce aux cornichons

pour 4 personnes

60 ml (4 c. à soupe) de beurre fondu
2 oignons, pelés, finement tranchés
2 cornichons, tranchés
30 ml (2 c. à soupe) de purée de tomate
45 ml (3 c. à soupe) de vin blanc, sec
50 ml (¹/4 tasse) de bouillon de bœuf, chaud
3 steaks pris dans le bout de côte, désossés,
coupés en tranches de 2,5 cm (1 po)
d'épaisseur
45 ml (3 c. à soupe) de crème sure
sel et poivre

Faire chauffer 15 ml (1 c. à soupe) de beurre dans une poêle à frire. Ajouter les oignons, bien assaisonner, et faire cuire à feu moyen 6 à 7 minutes.

Ajouter les cornichons, mélanger, et incorporer la pâte de tomate. Bien mélanger et verser le bouillon de bœuf et le vin.

Bien mélanger la sauce et faire cuire à feu doux 3 à 4 minutes.

Faire chauffer 25 ml (1 ¹/2 c. à soupe) de beurre dans une autre poêle à frire. Faire sauter la moitié de la viande 1 minute de chaque côté. Retirer et répéter avec les restes de beurre et de viande. Bien assaisonner.

Mélanger la viande à la sauce et servir avec de la crème sure.

Salade ukrainienne

pour 4 personnes

375 g (³/4 livre) de porc, froid, finement tranché
375 g (³/4 livre) de poulet, froid, finement
tranché (sans peau)
2 betteraves, cuites, pelées, tranchées
3 pommes de terre, cuites, pelées, tranchées
¹/2 concombre, épépiné, tranché
15 ml (1 c. à soupe) de persil, haché
2 œufs durs, tranchés
1 cornichon, tranché
30 ml (2 c. à soupe) de vinaigre
60 ml (4 c. à soupe) d'huile
sel et poivre

Mettre tous les ingrédients dans un grand bol à salade. Ajouter le vinaigre et l'huile ; bien mélanger. Servir sur des feuilles de laitue.

Côte de bœuf de l'Alberta

2,7 à 3,2 kg (6 à 7 livres) de côte de bœuf
45 ml (3 c. à soupe) de sel de mer
2 oignons, pelés, coupés en dés
1 ml (¹/4 c. à thé) de thym
500 ml (2 tasses) de bouillon de bœuf
poivre du moulin

Préchauffer le four à 240 °C (450 °F).

Retirer l'excès de gras de la viande. Saler et poivrer généreusement. Mettre dans un plat à rôtir allant au four, le côté gras vers le haut. Mettre au four et faire saisir 20 minutes.

Réduire le feu à 190 °C (375 °F) et poursuivre la cuisson 1 ¹/2 heure. Arroser avec le gras de la cuisson quelques fois.

Lorsque la viande est cuite, la retirer et la laisser reposer 15 minutes. Pendant ce temps, déposer le plat sur le feu. Ajouter les oignons et le thym ; faire cuire 6 à 7 minutes.

Retirer presque toute la graisse du plat et la remplacer par le bouillon de bœuf. Faire bouillir 7 à 8 minutes.

Passer la sauce au tamis et servir avec la viande.

Coucher de soleil sur le golf Islando, Colombie-Britannique.

LA PÊCHE DU JOUR

Le littoral canadien s'étend sur plus de 240 000 kilomètres. Avec ses points d'eau douce et d'eau salée, le pays s'enorgueillit de plus de 150 espèces de poissons et de fruits de mer. Avec une aussi grande variété, le Canada est devenu un peuple d'excellents pêcheurs ; pas étonnant que plusieurs citoyens se disent connaisseurs en fruits de mer.

Chaque année, pendant les mois d'été, bien des gens visitent les côtes du littoral pour goûter, découvrir et savourer les richesses de l'océan. Les festivals de fruits de mer fournissent l'occasion idéale pour apprendre à connaître ces trésors culinaires qui en plus d'être nutritifs sont extrêmement savoureux.

Grâce à la technologie moderne, la plupart des espèces sont disponibles à longueur d'année, fraîches ou congelées, que ce soit en filets, en darnes ou entières. Le crabe Dungeness, pêché au large de l'île Graham et de la côte ouest de l'île de Vancouver, est toujours très prisé. Il est peut-être plus difficile à trouver, mais vos efforts seront bien récompensés.

La côte atlantique abrite l'irrésistible homard. Dès qu'il est capturé, il est apporté sur le rivage. Les homards de taille standard, environ 2 kilogrammes, sont vendus entiers, frais ou congelés. Les autres sont dirigés vers les usines de transformation. La chair de homard en conserve est une excellente garniture à sandwiches et à canapés. Il est certain que, pour un véritable amateur de fruits de mer, rien ne peut égaler un homard frais… Tout le long de la côte, plusieurs pêcheurs se vantent de vendre le meilleur homard frais bouilli. À la maison, vous pouvez obtenir un résultat comparable en plongeant le homard directement dans de l'eau bouillante, puis en réduisant le feu afin d'obtenir un faible bouillonnement. Cette méthode de cuisson vous assurera chaque fois un homard à la chair tendre et délicieuse.

Nous avons rassemblé ici des recettes de fruits de mer d'hier et d'aujourd'hui et nous espérons que vous saurez apprécier les délices de ce grand pays.

Salade de crevettes et de champignons

pour 4 personnes

50 ml (1/4 tasse) d'huile de noix
50 ml (1/4 tasse) de jus de citron
500 g (1 livre) de crevettes, cuites, décortiquées, coupées en deux
125 g (1/4 livre) de champignons, frais, lavés, tranchés
1/2 laitue Boston, lavée, asséchée
15 ml (1 c. à soupe) de persil, haché
5 ml (1 c. à thé) d'estragon, frais
quelques gouttes de sauce Tabasco
sel et poivre

Dans un petit bol, mélanger l'huile et le jus de citron. Bien assaisonner et mettre de côté.

Mettre les crevettes, les champignons et la laitue dans un grand bol à salade. Bien mélanger. Saler et poivrer.

Verser le mélange d'huile sur la salade. Arroser de sauce Tabasco. Bien incorporer les épices.

Servir avec du pain à l'ail.

Œufs farcis aux crevettes

8 crevettes, cuites
12 œufs durs
60 ml (4 c. à soupe) de mayonnaise
15 ml (1 c. à soupe) de persil, haché
quelques gouttes de sauce Worcestershire
jus de citron
sel et poivre blanc

Réduire les crevettes en purée, au mixer. Mettre de côté.

Couper chaque œuf en deux et retirer le jaune. Passer les jaunes au tamis. Ajouter la purée de crevettes, la mayonnaise, la sauce Worcestershire et la sauce Tabasco. Bien assaisonner. Arroser de jus de citron.

Avec une cuillère, farcir les moitiés d'œufs ; saupoudrer de persil. Servir.

Mousse de brochet

pour 4 personnes

750 g (1 1/2 livre) de brochet, sans arêtes
2 blancs d'œufs
1 ml (1/4 c. à thé) de muscade
750 ml (3 tasses) de crème à 35 %
sel et poivre
glace concassée

Préchauffer le four à 190 °C (375 °F).

Réduire le brochet en purée, au mixer. Verser la purée dans un bol en acier inoxydable. Remplir un grand bol de glace concassée. Placer le bol contenant le brochet sur la glace. Incorporer les blancs d'œufs. Saupoudrer de muscade ; saler et poivrer.

Incorporer la crème, très lentement, en fouettant constamment jusqu'à ce que le mélange adhère à la cuillère.

Remplir un petit moule en forme de couronne, préalablement beurré. Mettre le moule dans un plat allant au four, contenant 2,5 cm (1 po) d'eau bouillante. Faire cuire au four 18 à 20 minutes.

Servir avec une sauce Nantua.

Raie aux câpres

pour 4 à 5 personnes

900 g (2 livres) de raie, sans peau
1,5 L (6 tasses) d'eau
1/2 oignon, finement tranché
15 ml (1 c. à soupe) de persil, haché
30 ml (2 c. à soupe) de vinaigre
50 ml (1/4 tasse) de beurre
50 ml (1/4 tasse) de câpres
jus de 1 citron
sel et poivre

Découper la raie en morceaux de grosseur moyenne et placer dans une casserole. Ajouter l'eau, l'oignon, le persil, le jus de citron et le vinaigre. Saler et poivrer ; amener à ébullition. Poursuivre la cuisson à feu très doux 3 minutes. Ne plus faire bouillir.

Dresser la raie sur un plat de service.

Mettre le beurre et les câpres dans une poêle à frire. Bien poivrer et faire brunir à feu vif.

Arroser de jus de citron et verser sur la raie.

Plateau de filets de morue

pour 4 personnes

375 ml (1 1/2 tasse) de crème sure
45 ml (3 c. à soupe) de raifort
4 filets de morue, pochés, froids
30 ml (2 c. à soupe) de fenouil, frais, haché
4 œufs, farcis
1 concombre, pelé, épépiné, tranché
2 grosses tomates, tranchées
quelques gouttes de sauce Tabasco
jus de citron
feuilles de laitue, lavées, asséchées
sel et poivre

Dans un bol, mélanger la crème sure, le raifort, la sauce Tabasco et le jus de citron. Bien saler et poivrer.

Décorer un plat de service avec les feuilles de laitue. Disposer les filets de morue sur la laitue et napper de sauce. Parsemer de fenouil. Mettre au réfrigérateur 10 minutes.

Garnir d'œufs farcis, de concombres et de tomates. Arroser de jus de citron. Servir.

Sauce hollandaise

170 g (6 onces) de beurre, non salé
15 ml (1 c. à soupe) de vinaigre blanc
2 jaunes d'œufs
jus de 1/4 de citron
poivre en grains, écrasés
sel

Faire fondre le beurre au bain-marie et écumer. Mettre de côté.

Dans un bol en acier inoxydable, mélanger le vinaigre et les grains de poivre écrasés. Mettre sur le feu et faire cuire 2 minutes pour réduire le vinaigre. Retirer du feu et laisser refroidir.

Ajouter les jaunes d'œufs ; bien mélanger.

Placer le bol au-dessus d'une casserole contenant de l'eau chaude. Ajouter le beurre, en un mince filet, en remuant constamment avec un fouet.

Arroser de jus de citron, bien assaisonner et servir.

Le phare de l'île Campobello, Nouveau-Brunswick. Le président américain Franklin D. Roosevelt a passé plusieurs étés sur cette île, à sa villa.

Flétan du Pacifique, sauce à l'ail

4 darnes de flétan
50 ml (¹/4 tasse) de farine
30 ml (2 c. à soupe) d'huile
3 gousses d'ail, écrasées, hachées
2 jaunes d'œufs
125 ml (¹/2 tasse) d'huile d'olive
poivre de Cayenne
jus de citron
sel et poivre

Bien assaisonner les darnes de flétan et les enfariner.

Faire chauffer l'huile dans une poêle à frire. Ajouter les darnes de flétan ; faire cuire à feu moyen 8 à 10 minutes, selon l'épaisseur des darnes.

Pendant ce temps, mettre l'ail dans un mortier. Ajouter le persil et les jaunes d'œufs et bien mélanger avec le pilon.

Incorporer l'huile d'olive, goutte par goutte au début, en remuant constamment. Puis verser l'huile en un filet régulier.

Le mélange doit avoir l'aspect d'une mayonnaise. Arroser de jus de citron et saupoudrer de poivre de Cayenne.

Verser le mélange sur les darnes de flétan.

Servir avec des haricots verts et des pommes de terre sautées.

Œufs surprise

4 muffins anglais, tranchés en deux, grillés
8 minces tranches de saumon fumé
8 œufs, pochés
250 ml (1 tasse) de sauce béarnaise
tranches de citron pour garnir

Préchauffer le four à 190 °C (375 °F).

Mettre les muffins grillés dans un plat allant au four.

Déposer les tranches de saumon sur les muffins. Recouvrir d'œufs pochés et napper de sauce béarnaise.

Faire cuire au four 2 minutes. Servir.

Moules à la marinière

1,4 kg (3 livres) de moules
60 ml (4 c. à soupe) de beurre
1 petit oignon, finement haché
50 ml (¹/4 tasse) de vin blanc, sec
15 ml (1 c. à soupe) de persil, haché
50 ml (¹/4 tasse) de crème légère
poivre du moulin

Bien brosser les moules et les rincer plusieurs fois pour enlever le sable. Retirer les barbes avec des ciseaux de cuisine.

Faire fondre 30 ml (2 c. à soupe) de beurre dans une grande casserole. Ajouter l'oignon, couvrir et faire cuire à feu doux 4 minutes.

Ajouter le vin et faire cuire 2 minutes.

Ajouter les moules, couvrir et faire cuire 4 minutes en remuant une fois pendant la cuisson.

Dresser les moules sur un plat de service creux. Garder chaud.

Filtrer le liquide dans une petite casserole. Ajouter le persil, le beurre et la crème ; amener à ébullition. Poivrer.

Verser la sauce sur les moules. Servir avec du pain français.

Le village de pêcheurs de Burgeo, Île-du-Prince-Édouard.

Crabes Dungeness, farcis

4 crabes vivants de 900 g (2 livres)
30 ml (2 c. à soupe) de beurre
2 échalotes, hachées
250 g (¹/2 livre) de champignons, frais,
hachés
375 ml (1 ¹/2 tasse) de sauce blanche,
chaude
125 ml (¹/2 tasse) de gruyère, râpé
sauce Tabasco
sel et poivre

Préchauffer le four à 220 °C (425 °F).

Laver les crabes et les plonger dans une grande casserole contenant 4 L (16 tasses) d'eau bouillante, salée. Les crabes doivent être entièrement recouverts d'eau.

Couvrir et faire cuire à feu moyen 20 à 25 minutes. Retirer du feu et laisser refroidir.

Pour retirer la chair, briser le dessus de la carapace et diviser en deux. Jeter les pattes mortes. Ôter la chair blanche.

Briser les petites et les grosses pinces et en retirer la chair. Mettre de côté.

Bien laver les carapaces avant de les farcir.

Faire fondre le beurre dans une casserole. Ajouter les échalotes et les champignons. Bien assaisonner et faire cuire à feu vif 5 à 6 minutes.

Ajouter la sauce blanche, la sauce Tabasco et mélanger. Ajouter la chair de crabe, bien assaisonner et mélanger.

Farcir les carapaces et saupoudrer de fromage. Mettre au four à gril (broil) 5 à 6 minutes et servir.

Cuisses de grenouilles à l'ail

16 à 18 cuisses de grenouilles
300 ml (1 ¹/4 tasse) de lait
1 œuf, battu
375 ml (1 ¹/2 tasse) de farine
15 ml (1 c. à soupe) d'huile
45 ml (3 c. à soupe) de beurre
3 gousses d'ail, écrasées, hachées
30 ml (2 c. à soupe) de persil, haché
jus de 1 citron
sel et poivre

Préchauffer le four à 200 °C (400 °F).

Mélanger le lait et l'œuf. Tremper les cuisses de grenouilles dans le mélange, puis dans la farine.

Faire chauffer l'huile et 25 ml (1 ¹/2 c. à soupe) de beurre dans une poêle à frire. Faire cuire les cuisses de grenouilles à feu moyen 4 minutes de chaque côté.

Placer la poêle à frire au four et poursuivre la cuisson 15 à 17 minutes. Ajuster le temps de cuisson selon la grosseur des cuisses. Tourner les cuisses de grenouilles deux fois pendant la cuisson. La chair devra se détacher des os.

Dresser les cuisses de grenouilles sur un plat de service. Remettre la poêle à frire sur la cuisinière. Ajouter le reste de beurre et l'ail ; faire cuire 2 minutes.

Ajouter le persil et le jus de citron ; faire cuire 1 minute. Verser sur les cuisses de grenouilles et servir.

Huîtres à la florentine

Sauce Mornay :

45 ml (3 c. à soupe) de beurre
60 ml (4 c. à soupe) de farine
750 ml (3 tasses) de lait, chaud
50 ml (¹/4 tasse) de gruyère, râpé
une pincée de muscade
sel, poivre, paprika

Faire fondre le beurre dans une casserole. Ajouter la farine ; mélanger et faire cuire 2 minutes.

Incorporer le lait et mélanger au fouet. Bien assaisonner et faire cuire à feu doux 10 minutes.

Ajouter le paprika, la muscade et le fromage ; bien mélanger et mettre de côté.

24 grosses huîtres
500 g (1 livre) d'épinards, lavés, cuits à la vapeur, hachés
60 ml (4 c. à soupe) de fromage, râpé (parmesan, gruyère, etc.)
sauce Mornay

Bien laver les huîtres, les ouvrir et les retirer de leur coquilles. Garder les coquilles.

Mettre les huîtres et le jus dans une casserole et amener à ébullition. Retirer du feu. Laisser pocher les huîtres 3 minutes.

Déposer une couche d'épinards au fond de chaque coquille. Placer les huîtres pochées dessus et napper de sauce Mornay. Saupoudrer de fromage.

Mettre au four 3 minutes à gril (broil) et servir.

Coquilles de crabe

pour 4 personnes

45 ml (3 c. à soupe) de beurre
30 ml (2 c. à soupe) d'oignon, haché
750 g (1 ¹/₂ livre) de chair de crabe frais
250 g (¹/₂ livre) de champignons, frais,
lavés, tranchés
500 ml (2 tasses) de bouillon de poisson,
clair, chaud
45 ml (3 c. à soupe) de farine
15 ml (1 c. à soupe) de persil, haché
125 ml (¹/₂ tasse) de gruyère, râpé
paprika
jus de citron
sel et poivre

Mélanger 15 ml (1 c. à soupe) de beurre dans un casserole. Ajouter l'oignon ; couvrir et faire cuire à feu doux 3 minutes.

Ajouter la chair de crabe et les champignons. Assaisonner au goût ; couvrir et faire cuire 2 à 3 minutes.

Ajouter le bouillon de poisson ; faire cuire 2 à 3 minutes. Puis, retirer la chair de crabe et les champignons et mettre de côté. Garder le liquide de cuisson.

Faire fondre le reste de beurre dans une petite casserole. Ajouter la farine ; mélanger et faire cuire 1 minute.

Ajouter le liquide de cuisson. Assaisonner au goût, mélanger au fouet ; faire cuire à feu moyen 5 à 6 minutes.

Retirer la casserole du feu. Ajouter la chair de crabe et les champignons. Saupoudrer de persil ; mélanger et remplir des plats en forme de coquilles. Saupoudrer de fromage. Mettre au four à gril (broil) 3 à 4 minutes.

Arroser de jus de citron. Servir.

Saumon de Coho au four

1 saumon de Coho, évidé, sans arêtes
250 ml (1 tasse) de vin blanc, sec
15 ml (1 c. à soupe) d'huile d'olive
2 ml (1/2 c. à thé) de thym
30 ml (2 c. à soupe) de fenouil frais, haché
jus de 1/4 de citron

Préchauffer le four à 180 °C (350 °F).

Placer une grande feuille de papier d'aluminium dans un grand plat allant au four. Déposer le saumon.

Mélanger le vin blanc, le jus de citron, l'huile d'olive et les épices. Verser sur le saumon. Fermer le papier d'aluminium et laisser mariner 1 heure.

Faire cuire le saumon 45 minutes et servir avec une sauce blanche pour poisson.

Sauce blanche pour poisson :

5 ml (1 c. à thé) de beurre
30 ml (2 c. à soupe) d'échalotes, hachées
50 ml (1/4 tasse) de vin blanc, sec
375 ml (1 1/2 tasse) de sauce blanche
15 ml (1 c. à soupe) de fenouil, haché
15 ml (1 c. à soupe) de persil, haché
poivre blanc
quelques gouttes de jus de citron

Faire chauffer le beurre dans une casserole. Ajouter les échalotes et faire cuire 1 minute.

Verser le vin blanc ; faire cuire à feu vif 3 à 4 minutes. Ajouter les autres ingrédients, assaisonner et mélanger. Laisser mijoter 5 à 6 minutes. Incorporer quelques gouttes de jus de citron.

Carpe braisée à la bière

30 ml (2 c. à soupe) de beurre fondu
2 oignons, finement tranchés
1 branche de céleri, finement tranchée
1 gousse d'ail, écrasée, hachée
1 carpe de 1,8 kg (4 livres) lavée, coupée en 12 à 14 morceaux
500 ml (2 tasses) de bière, légère
1 ml (1/4 c. à thé) de graines de carvi

15 ml (1 c. à soupe) de fécule de maïs
30 ml (2 c. à soupe) de persil, haché
sel et poivre

Faire chauffer le beurre dans une sauteuse. Ajouter les oignons, le céleri et l'ail. Couvrir et faire cuire 3 minutes.

Ajouter la carpe en morceaux et faire cuire, sans couvrir, 2 minutes.

Incorporer la bière et les graines de carvi ; couvrir et faire cuire à feu doux 5 minutes.

Déposer la carpe sur un plat de service. Laisser mijoter le liquide de cuisson 5 minutes. Délayer la fécule de maïs dans l'eau et verser dans la casserole. Bien assaisonner.

Remettre la carpe dans la casserole. Garnir de persil et servir.

Sauce Nantua

30 ml (2 c. à soupe) de beurre fondu
30 ml (2 c. à soupe) d'oignon, coupé en dés
1 carotte, coupée en dés
30 ml (2 c. à soupe) de céleri, coupé en dés
8 écailles de langoustines
30 ml (2 c. à soupe) de cognac
125 ml (1/4 tasse) de vin blanc, sec
2 tomates, pelées, coupées en dés
30 ml (2 c. à soupe) de pâte de tomate
375 ml (1 1/2 tasse) de sauce blanche pour poisson
une pincée de thym
plusieurs gouttes de sauce Tabasco
sel et poivre

Faire chauffer le beurre dans une casserole. Ajouter l'oignon, le céleri et la carotte. Couvrir et faire cuire à feu moyen 2 à 3 minutes.

Ajouter les écailles de langoustines ; poursuivre la cuisson, sans couvrir, 4 à 5 minutes. Ajouter le cognac et flamber.

Incorporer les tomates et la pâte de tomate ; faire cuire à feu doux 8 à 10 minutes.

Ajouter la sauce blanche, le thym et bien assaisonner. Arroser de sauce Tabasco. Faire cuire à feu doux 10 minutes.

Passer au tamis et servir.

Friture de filets de rascasse argentée

8 filets de rascassee argentée
50 ml (¹/4 tasse) de farine
250 ml (1 tasse) de lait
3 œufs, battus
375 ml (1 ¹/2 tasse) de biscuits soda,
émiettés
125 ml (¹/2 tasse) de sauce tartare
sel et poivre
tranches de citron pour garnir

Faire chauffer de l'huile d'arachide dans une friteuse à 180 °C (350 °F).

Bien assaisonner les filets de rascasse et les enfariner.

Mélanger le lait et les œufs battus. Tremper les filets de rascasse dans ce mélange, puis les rouler dans les miettes de biscuits soda. Faire frire 3 minutes.

Garnir de tranches de citron et servir avec de la sauce tartare.

Sauce tartare :

125 ml (¹/2 tasse) de mayonnaise
30 ml (2 c. à soupe) de cornichons, hachés
15 ml (1 c. à soupe) de câpres, hachées
5 ml (1 c. à thé) de persil, haché
quelques gouttes de sauce Tabasco
quelques gouttes de sauce Worcestershire
plusieurs gouttes d'extrait d'anchois

Mélanger tous les ingrédients dans un petit bol. Rectifier l'assaisonnement.

Morue du Pacifique pochée, sauce aux œufs

1,5 L (6 tasses) d'eau
4 filets de morue
jus de 1 citron
sel

Verser l'eau dans une sauteuse. Ajouter le jus de citron et le sel ; amener à ébullition.

Déposer les filets de morue dans le liquide ; réduire le feu à très doux et faire cuire 8 à 10 minutes.

Servir avec une sauce aux œufs, des pommes de terre bouillies persillées et des carottes glacées.

Sauce aux œufs :

45 ml (3 c. à soupe) de beurre
2 échalotes, hachées
250 ml (1 tasse) de champignons, frais,
finement hachés
45 ml (3 c. à soupe) de farine
30 ml (2 c. à soupe) de lait, chaud
2 œufs durs, hachés
quelques gouttes de jus de citron
quelques gouttes de sauce Tabasco
sel et poivre

Mettre le beurre, les échalotes et les champignons dans une casserole. Assaisonner au goût ; faire cuire 3 à 4 minutes.

Ajouter la farine ; bien mélanger et faire cuire 1 minute.

Incorporer le lait au fouet. Rectifier l'assaisonnement.

Ajouter les œufs, le jus de citron et la sauce Tabasco. Laisser mijoter à feu doux 2 minutes et servir.

Filets d'alose, beurre maître d'hôtel

8 filets d'alose
125 ml (¹/2 tasse) d'huile d'olive
1 ml (¹/4 c. à thé) de thym
2 feuilles de laurier
15 ml (1 c. à soupe) de persil, haché
jus de 1 citron
beurre maître d'hôtel
sel et poivre

Mettre les filets d'alose dans un plat allant au four. Ajouter les ³/4 d'huile, le jus de citron, le thym, les feuilles de laurier et le persil. Bien poivrer.

Laisser mariner au réfrigérateur 30 minutes.

Faire chauffer le reste d'huile dans une poêle à frire. Déposer les filets d'alose ; faire cuire 3 minutes de chaque côté. Bien assaisonner.

Mettre les filets d'alose dans un plat de service allant au four. Déposer une noix de beurre sur chaque filet. Arroser de jus de citron. Mettre au four à gril (broil) 2 minutes.

Servir.

Darnes de saumon pochées

pour 4 personnes

1 L (4 tasses) de bouillon de poisson, chaud
4 darnes de saumon de 125 g (4 onces)
chacune
30 ml (2 c. à soupe) de beurre
8 petites pommes de terre, bouillies, pelées
1 petit concombre, pelé, épépiné, coupé en
tranches de 2,5 cm (1 po) d'épaisseur
250 ml (1 tasse) de sauce hollandaise

Verser le bouillon de poulet dans une sauteuse et amener à ébullition. Réduire le feu à très doux et déposer les darnes de saumon dans le liquide. Faire pocher 10 minutes.

Faire fondre le beurre dans une petite casserole. Y faire mijoter les pommes de terre et le concombre 5 minutes.

Dresser les darnes de saumon sur un plat de service. Retirer la peau et l'arête centrale.

Garnir de légumes et servir avec une sauce hollandaise.

Filets de perche farcis aux crevettes et aux palourdes

pour 4 personnes

4 gros filets de perche
45 ml (3 c. à soupe) de beurre
2 échalotes, hachées
15 ml (1 c. à soupe) de persil, haché
125 g (¹/4 livre) de champignons, hachés
250 g (¹/2 livre) de crevettes, décortiquées
et nettoyées
750 g (1 ¹/2 livre) de palourdes, bien lavées
500 ml (2 tasses) d'eau
sel et poivre du moulin

Faire chauffer 25 ml (1 ¹/2 c. à soupe) de beurre dans une poêle à frire. Ajouter les échalotes, le persil et les champignons. Assaisonner et faire cuire 3 à 4 minutes.

Étendre les filets de perche dans un plat allant au four. Recouvrir de mélange aux champignons, rouler et fixer avec des cure-dents. Mettre de côté.

Mettre les crevettes dans une petite casserole ; couvrir d'eau froide. Amener à ébullition et retirer du feu. Laisser reposer 3 à 4 minutes ; égoutter et mettre de côté.

Placer les palourdes dans une casserole ; ajouter 500 ml (2 tasses) d'eau froide. Couvrir et amener à ébullition. Mélanger et faire cuire 3 à 4 minutes. Retirer les palourdes de leur coquilles et mettre de côté. Réserver le liquide.

Mettre les filets de perche roulés dans une petite casserole beurrée. Ajouter 375 ml (1 ¹/2 tasse) de liquide réservé. Amener à ébullition. Retourner les filets de perche.

Retirer du feu et laisser reposer.

Faire chauffer le reste de beurre dans une poêle à frire. Ajouter les crevettes et les palourdes ; faire sauter 3 minutes. Ajouter le persil et bien assaisonner.

Déposer les filets de perche sur un plat de service. Garnir de palourdes et de crevettes. Servir.

Chowder aux palourdes B.C.

pour 8 personnes

750 g (1 ¹/2 livre) de palourdes, fraîches,
écalées
250 ml (1 tasse) d'eau froide
4 tranches de bacon, hachées
1 gros oignon, haché
60 ml (4 c. à soupe) de beurre
625 ml (2 ¹/2 tasses) de pommes de terre,
pelées, coupées en dés
750 ml (3 tasses) de jus de palourde
1 L (4 tasses) de lait
30 ml (2 c. à soupe) de beurre
30 ml (2 c. à soupe) de farine
sel et poivre au goût

Faire revenir le bacon et l'oignon dans du beurre jusqu'à ce que le bacon soit cuit.

Hacher les palourdes et les mettre dans une grande marmite avec le bacon et l'oignon.

Ajouter les pommes de terre et le jus de palourdes et couvrir. Laisser mijoter jusqu'à ce que les pommes de terre soient tendres.

Ajouter le lait et mélanger.

Faire fondre le beurre dans la marmite. Saupoudrer de farine et mélanger.

Laisser mijoter 15 minutes, saler et poivrer au goût.

Rougets, sauce à la diable

pour 4 personnes

Sauce à la diable :

15 ml (1 c. à soupe) de beurre
2 échalotes sèches, finement hachées
15 ml (1 c. à soupe) de persil, haché
45 ml (3 c. à soupe) de vinaigre de vin
500 ml (2 tasses) de sauce brune, très claire
jus de 1/4 de citron

Faire fondre le beurre dans une casserole. Ajouter les échalotes et le persil ; couvrir et faire cuire 2 minutes.

Ajouter le vinaigre de vin. Faire cuire à feu vif 3 minutes, sans couvrir, jusqu'à ce que le vinaigre soit presque complètement évaporé.

Ajouter la sauce brune et le jus de citron. Mélanger et laisser mijoter à feu doux 10 à 12 minutes. Mettre de côté.

4 rougets de 180 à 250 g (6 à 8 onces),
nettoyés
50 ml (1/4 tasse) de farine
45 ml (3 c. à soupe) d'huile
jus de citron
sel et poivre

Préchauffer le four à 220 °C (425 °F).

Laver les rougets sous l'eau froide. Pratiquer 4 incisions de chaque côté des rougets et les enfariner.

Mélanger l'huile et le jus de citron dans un petit bol. Badigeonner les rougets de ce mélange. Les mettre dans un petit plat à rôtir badigeonné d'huile chaude.

Faire cuire à gril (broil) 6 à 7 minutes. Arroser pendant la cuisson.

Servir avec une sauce à la diable.

Truite de mer farcie

pour 2 personnes

45 ml (3 c. à soupe) de beurre
2 échalotes séchées, hachées
10 champignons, frais, lavés, hachés
1 ml (1/4 c. à thé) d'estragon
30 ml (2 c. à soupe) de persil, haché
50 ml (1/4 tasse) de crème à 35 %
1 truite de mer de 1,4 kg (3 livres)
jus de citron
sel et poivre

Préchauffer le four à 200 °C (400 °F).

Faire fondre 30 ml (2 c. à soupe) de beurre dans une casserole. Ajouter les échalotes, les champignons, l'estragon et le persil. Bien assaisonner et faire cuire à feu moyen 5 à 6 minutes.

Retirer la casserole du feu et y incorporer la crème.

Saler et poivrer la truite de mer, puis la farcir du mélange. Attacher la truite de mer avec une ficelle et la déposer dans un plat à rôtir allant au four.

Faire fondre le reste du beurre et le verser sur le poisson. Arroser de jus de citron. Faire cuire 15 minutes à 200 °C (400 °F).

Réduire la température du four à 190 °C (375 °F) et poursuivre la cuisson de la truite de mer 20 minutes.

Servir avec du beurre fondu et du jus de citron.

Homards bouillis

pour 4 personnes

4 homards vivants de 750 g (1 ¹/₂ livre)
chacun
125 ml (¹/₂ tasse) de beurre non salé, fondu
poivre blanc
jus de citron

Remplir une casserole d'eau et amener à ébullition.

Tenir le homard par le corps en gardant les pinces éloignées de soi et le plonger dans l'eau bouillante. Couvrir et faire cuire à feu moyen doux 16 à 18 minutes (l'eau doit seulement frémir).

Servir avec du beurre fondu et du jus de citron.

Morue du Pacifique aux anchois

pour 4 personnes

4 filets de morue
50 ml (¹/₄ tasse) de farine
30 ml (2 c. à soupe) d'huile
30 ml (2 c. à soupe) de beurre
4 filets d'anchois, égouttés,
hachés
15 ml (1 c. à soupe) de persil,
haché
jus de 1 citron
quelques gouttes de sauce Tabasco
sel et poivre

Saler et poivrer les filets de morue ; les enfariner.

Faire chauffer l'huile dans une poêle à frire. Ajouter les filets de morue ; faire cuire 4 minutes de chaque côté. Dresser sur un plat de service chaud. Mettre de côté.

Faire fondre le beurre dans une poêle à frire. Ajouter les anchois ; mélanger et faire cuire 1 minute.

Ajouter le persil et le jus de citron ; mélanger et arroser de sauce Tabasco. Verser le mélange sur le poisson.

Servir avec une purée de légumes.

Salade de crabe Dungeness

pour 4 personnes

Mayonnaise maison :

> *15 ml (1 c. à soupe) de moutarde*
> *2 œufs*
> *175 ml (³/4 tasse) d'huile d'olive*
> *jus de ¹/2 citron*
> *sel et poivre*

Mettre la moutarde dans un petit bol. Ajouter les œufs et le jus de citron ; bien mélanger.

Incorporer l'huile, goutte à goutte, en mélangeant au fouet. Dès que le mélange épaissit, ajouter le reste d'huile, en un mince filet. Bien assaisonner et mettre de côté.

> *4 crabes vivants de 900 g (2 livres) chacun*
> *1 branche de céleri, coupée en dés*
> *1 poivron vert, coupé en dés*
> *125 ml (¹/2 tasse) de châtaignes d'eau,*
> *coupées en dés*
> *4 pousses de bambou, tranchées*
> *250 ml (1 tasse) de mayonnaise maison*
> *sel et poivre*
> *garniture :laitue, tomates,*
> *œufs farcis et concombres*

Laver les crabes et les plonger dans une grande casserole contenant 4 L (16 tasses) d'eau bouillante, salée. Faire cuire 20 à 25 minutes. Les retirer de l'eau et les faire refroidir.

Ôter la chair et la placer dans un grand bol à salade. Ajouter le céleri, le poivron vert, les châtaignes d'eau et les pousses de bambou. Mélanger et ajouter la mayonnaise. Mélanger de nouveau.

Décorer un plat de service avec les feuilles de laitue. Déposer la salade de crabe au centre. Garnir et servir.

Palourdes farcies

pour 4 personnes

> *32 palourdes, brossées et lavées*
> *500 ml (2 tasses) d'eau*
> *30 ml (2 c. à soupe) de beurre*
> *1 oignon, finement haché*
> *15 ml (1 c. à soupe) de basilic, frais, haché*
> *125 g (¹/4 livre) de champignons, frais,*
> *hachés*
> *50 ml (¹/4 tasse) de biscuits soda, émiettés*
> *¹/2 œuf, battu*
> *15 ml (1 c. à soupe) de ciboulette, hachée*
> *une pincée de thym*
> *jus de 1 citron*
> *quelques gouttes de sauce Tabasco*
> *sel et poivre*

Préchauffer le four à 220 °C (425 °F).

Mettre les palourdes dans une grande casserole. Ajouter l'eau et le jus de citron ; couvrir et amener à ébullition. Faire cuire 4 à 5 minutes pour faire ouvrir les palourdes. Remuer une fois pendant la cuisson.

Retirer les palourdes de leur coquille et les hacher grossièrement.

Faire fondre le beurre dans une casserole. Ajouter l'oignon, le thym et le basilic ; faire cuire 3 minutes.

Ajouter les champignons, la sauce Tabasco et bien assaisonner. Ajouter les biscuits soda émiettés et l'œuf battu. Bien mélanger.

Ajouter la ciboulette et les palourdes hachées ; mélanger. Farcir les coquilles de ce mélange. Faire cuire au four 3 minutes. Servir.

Filets de brochet à la bordelaise

pour 4 personnes

1 petit oignon, haché
1 carotte, coupée en dés
¹/₂ branche de céleri, coupée en dés
1 ml (¹/₄ c. à thé) de thym
1 feuille de laurier
1 petite gousse d'ail
4 filets de brochet
500 ml (2 tasses) de vin rouge, sec
45 ml (3 c. à soupe) de beurre
25 ml (1 ¹/₂ c. à soupe) de farine
15 ml (1 c. à soupe) de persil, haché
sel et poivre
tranches de citron pour garnir

Faire chauffer une sauteuse bien beurrée. Ajouter l'oignon, la carotte et le céleri. Couvrir et faire cuire à feu doux 3 minutes.

Incorporer les épices et l'ail. Placer les filets de brochet dessus et arroser de vin. Amener à faible ébullition, réduire le feu à très doux et poursuivre la cuisson 3 à 4 minutes.

Déposer les filets sur un plat de service.

Placer la sauteuse à feu vif. Faire cuire le liquide 4 minutes. Mélanger le beurre et la farine ; verser dans la sauteuse et mélanger. Faire cuire 2 minutes, puis verser sur les filets.

Garnir de persil et de tranches de citron. Servir.

Crevettes à la Newburg

pour 4 personnes

900 g (2 livres) de crevettes, moyennes,
décortiquées, nettoyées
45 ml (3 c. à soupe) de beurre
30 ml (2 c. à soupe) d'échalotes, séchées,
hachées
250 ml (1 tasse) de vin de Madère
375 ml (1 ¹/₂ tasse) de crème légère
1 jaune d'œuf, mélangé avec 45 ml (3 c. à
soupe) de crème
sel, poivre, paprika

Laver et assécher les crevettes.

Faire fondre le beurre dans une poêle à frire. Ajouter les crevettes ; saler et poivrer. Ne pas remuer et faire cuire 3 minutes de chaque côté.

Retirer les crevettes de la casserole ; mettre de côté.

Mettre les échalotes dans la casserole ; faire cuire 2 minutes.

Ajouter le vin et faire cuire à feu moyen 3 minutes. Incorporer la crème et saupoudrer de paprika. Remuer 5 à 6 minutes.

Incorporer le mélange d'œuf et remuer au fouet. Ne pas faire bouillir.

Remettre les crevettes dans la sauce ; bien mélanger et laisser mijoter 4 minutes.

Servir avec du riz pilaf.

Saumon allant frayer dans la rivière Adams en Colombie-Britannique. Tous les ans au mois d'octobre, les poissons nagent 500 kilomètres depuis l'océan Pacifique pour frayer, puis mourir.

Homard flambé

pour 4 personnes

60 ml (4 c. à soupe) de beurre
2 échalotes, hachées
25 ml (1 ¹/₂ c. à soupe) de cari en poudre
30 ml (2 c. à soupe) de farine
500 ml (2 tasses) de crème légère
15 ml (1 c. à soupe) de persil, haché
4 homards de 750 g (1 ¹/₂ livre) chacun
45 ml (3 c. à soupe) de brandy
paprika
sel et poivre

Faire fondre 30 ml (2 c. à soupe) de beurre dans une casserole. Ajouter les échalotes et le cari en poudre ; faire cuire à feu doux 3 minutes.

Ajouter la farine ; mélanger et faire cuire 2 minutes.

Incorporer la crème ; bien mélanger. Saupoudrer de paprika et de persil haché. Laisser mijoter à feu doux 2 minutes.

Ôter la chair des carapaces. Mettre de côté.

Faire fondre le reste de beurre dans une casserole. Ajouter la chair de homard, le poivre et faire cuire à feu vif 2 minutes.

Ajouter le brandy ; flamber. Ajouter la sauce chaude et faire cuire à feu très doux 4 minutes.

Servir avec du pain français.

Coquilles Saint-Jacques à la maritime

pour 4 personnes

500 g (1 livre) de pétoncles
30 ml (2 c. à soupe) d'oignon, haché
1 feuille de laurier
24 champignons, lavés,
finement tranchés
50 ml (¼ tasse) de vin blanc, sec
500 ml (2 tasses) d'eau
3 brins de persil
sel et poivre du moulin

Dans une sauteuse bien beurrée, mettre les pétoncles, l'oignon, la feuille de laurier, les champignons, le vin, l'eau et le persil. Bien poivrer et amener à ébullition.

Retirer du feu. Faire pocher les pétoncles 3 minutes.

Retirer les pétoncles et les champignons de la sauteuse ; mettre de côté.

Remettre la sauteuse sur la cuisinière et faire cuire le liquide 8 à 10 minutes. Passer au tamis et réserver.

45 ml (3 c. à soupe) de beurre
1 échalote, hachée
15 ml (1 c. à soupe) de persil, haché
45 ml (3 c. à soupe) de farine
250 ml (1 tasse) de lait, chaud
250 ml (1 tasse) de liquide de cuisson des
pétoncles
50 ml (¹/₄ tasse) de chapelure
50 ml (¹/₄ tasse) de fromage parmesan, râpé

Faire fondre le beurre dans une sauteuse. Ajouter l'échalote ; faire cuire 2 minutes. Ajouter le persil et la farine ; bien mélanger.

Incorporer le lait chaud et mélanger au fouet. Faire cuire à feu moyen 4 à 5 minutes. Ajouter les pétoncles égouttées et les champignons. Bien assaisonner et mettre le mélange dans les coquilles. Saupoudrer de chapelure et de fromage râpé.

Mettre au four à gril (broil) 3 minutes. Servir.

Filets de maquereau sautés aux poivrons

pour 4 personnes

4 filets de maquereau
50 ml (¹/4 tasse) de farine
45 ml (3 c. à soupe) d'huile d'olive
1 poivron vert, finement tranché
1 poivron rouge, finement tranché
15 ml (1 c. à soupe) de pâte de tomate
jus de ¹/2 citron
sel et poivre

Préchauffer le four à 100 °C (200 °F).

Saler et poivrer les filets de maquereau ; les enfariner.

Faire chauffer l'huile dans une poêle à frire. Faire cuire les filets de maquereau 3 à 4 minutes des deux côtés et les dresser sur un plat de service. Garder au chaud dans le four.

Mettre les poivrons vert et rouge dans la poêle à frire ; laisser cuire à feu moyen 3 minutes.

Arroser de jus de citron. Ajouter la pâte de tomate ; bien mélanger.

Verser sur les filets de maquereau et servir avec des légumes.

Sole citronnée

pour 4 personnes

8 filets de sole
50 ml (¹/4 tasse) de farine
15 ml (1 c. à soupe) d'huile
30 ml (2 c. à soupe) de beurre
1 échalote, hachée
1 concombre, pelé, épépiné, coupé en tranches de 2,5 cm
(1 po) d'épaisseur
30 ml (2 c. à soupe) de piments forts, hachés
jus de citron
sel et poivre

Préchauffer le four à 100 °C (200 °F).

Bien assaisonner les filets de sole et les enfariner.

Faire chauffer l'huile et 15 ml (1 c. à soupe) de beurre dans une poêle à frire. Faire cuire les filets de sole 2 minutes de chaque côté et les dresser sur un plat de service. Garder au chaud dans le four.

Faire fondre le reste de beurre dans la poêle. Ajouter l'échalote et le concombre. Assaisonner et faire cuire à feu vif 3 minutes.

Ajouter les piments forts et le jus de citron. Verser sur le poisson et servir.

Crème de crevettes

pour 4 personnes

500 g (1 livre) de crevettes, décortiquées, nettoyées
45 ml (3 c. à soupe) de beurre
2 échalotes, hachées
45 ml (3 c. à soupe) de farine
500 ml (2 tasses) de lait, chaud
250 ml (1 tasse) de crème légère
15 ml (1 c. à soupe) de persil
quelques gouttes de jus de citron
quelques gouttes de sauce Tabasco
sel et poivre blanc

Réduire les crevettes en purée, au mixer. Mettre de côté.

Faire fondre le beurre dans une casserole. Ajouter les échalotes ; faire cuire 2 minutes. Ajouter la farine ; bien mélanger et faire cuire 1 minute.

Incorporer le lait chaud, remuer et assaisonner au goût. Amener à ébullition et poursuivre la cuisson à feu doux 6 à 7 minutes.

Incorporer la purée de crevettes et la crème. Remuer et laisser mijoter à feu doux 4 à 5 minutes.

Arroser de sauce Tabasco et de jus de citron. Garnir de persil haché et servir.

Homard à la sauce fromagée

pour 4 personnes

4 homards cuits de 750 g (1 1/2 livre) chacun
30 ml (2 c. à soupe) de vin de Madère
45 ml (3 c. à soupe) de beurre
2 échalotes, séchées, hachées
250 g (1/2 livre) de champignons, frais,
lavés, coupés en deux
45 ml (3 c. à soupe) de farine
500 ml (2 tasses) de lait, chaud
125 ml (1/2 tasse) de crème légère
125 ml (1/2 tasse) de fromage gruyère, râpé
paprika
sel et poivre

Préchauffer le four à 220 °C (425 ° F).

Retirer les pattes et les pinces des homards. Les briser et en extraire la chair. Diviser le homard en deux, dans le sens de la longueur, et retirer la chair. La couper en dés et la placer dans un bol.

Ajouter le vin de Madère et laisser mariner 15 minutes.

Faire fondre le beurre dans une sauteuse. Ajouter les échalotes ; faire cuire 2 minutes. Ajouter les champignons ; bien saler et poivrer. Ajouter le paprika. Poursuivre la cuisson 5 à 6 minutes.

Ajouter la marinade des homards ; mélanger. Incorporer la farine, puis le lait, en remuant avec un fouet. Incorporer la crème et la moitié du fromage ; bien mélanger. Ajouter la chair de homard et laisser mijoter à feu très doux durant quelques minutes.

Déposer les carapaces de homard dans un plat de service et les remplir du mélange. Saupoudrer du reste de fromage et mettre au four à gril (broil) 3 minutes. Servir.

Saumon poché aux fines herbes

pour 4 personnes

4 darnes de saumon de 2,5 cm (1 po)
d'épaisseur
1 poireau, lavé, finement tranché
1 carotte, pelée, finement tranchée
1 ml (1/4 c. à thé) de thym
1 feuille de laurier
12 grains de poivre, entiers
50 ml (1/4 tasse) de vin blanc, sec (facultatif)

eau
jus de 1/2 citron
sel et poivre

Mettre les darnes de saumon dans une poissonnière ou dans un plat à rôtir allant au four. Ajouter le reste des ingrédients, couvrir d'eau et amener la liquide à faible ébullition, à feu moyen. Ne pas faire bouillir.

Laisser le liquide mijoter à feu doux 15 minutes.

Dresser les darnes de saumon sur un plat de service chaud. Servir avec la sauce au beurre.

Sauce au beurre :

50 ml (1/4 tasse) de beurre, non salé, fondu
15 ml (1 c. à soupe) de persil, haché
15 ml (1 c. à soupe) de ciboulette, hachée
jus de 1/4 de citron
poivre du moulin

Mettre tous les ingrédients dans une petite casserole et faire cuire à feu doux 2 minutes. Servir.

Filets de maquereau sauté aux groseilles

250 g (¹/₂ livre) de groseilles, lavées
45 ml (3 c. à soupe) de sucre
125 ml (¹/₂ tasse) d'eau
4 gros filets de maquereau
125 ml (¹/₂ tasse) de farine
30 ml (2 c. à soupe) de beurre, clarifié
2 oignons verts, coupés en petits morceaux
4 châtaignes d'eau, finement tranchées
zeste de ¹/₂ citron, râpé
sel et poivre

Mettre les groseilles dans une casserole. Ajouter le sucre, le zeste de citron et l'eau. Amener à ébullition ; faire cuire à feu doux jusqu'à tendre. Mettre de côté.

Saler et poivrer les filets de maquereau ; puis les enfariner.

Faire chauffer le beurre clarifié dans une poêle à frire. Déposer les filets de maquereau. Faire cuire 3 minutes de chaque côté et dresser sur un plat de service.

Ajouter les oignons verts et les châtaignes d'eau dans la poêle à frire. Faire cuire 1 minute. Incorporer la moitié de la sauce aux groseilles ; mélanger et faire cuire 2 minutes. Napper les filets de maquereau de sauce.

Carpe pochée

1 carpe de 1,6 à 1,8 kg (3 ¹/₂ à 4 livres)
4 tranches de bacon
30 ml (2 c. à soupe) de gingembre frais, finement haché
125 ml (¹/₂ tasse) de vin de Madère
500 ml (2 tasses) de bouillon de poulet
2 oignons verts, coupés en morceaux de 2,5 cm (1 po)
3 brins de persil
jus de citron
sel et poivre

Vider et laver le poisson. Déposer la carpe dans une poissonnière. Mettre de côté.

Faire chauffer le bacon dans une casserole. Ajouter le gingembre et faire cuire 2 minutes. Ajouter les

autres ingrédients et amener à ébullition. Verser sur le poisson ; bien assaisonner.

Couvrir la poissonnière et faire cuire à feu doux 20 minutes. Retourner le poisson et poursuivre la cuisson 10 à 15 minutes.

Servir avec du jus de citron.

Filets de haddock à la flamande

30 ml (2 c. à soupe) de beurre
4 filets d'aiglefin
1 oignon, finement tranché
125 g (¹/₄ livre) de champignons, tranchés
250 ml (1 tasse) de vin blanc, sec
375 ml (1 ¹/₂ tasse) de sauce blanche de poisson, chaude
15 ml (1 c. à soupe) de persil, haché
sel et poivre
tranches de citron pour garnir

Préchauffer le four à 190 °C (375 °F).

Beurrer un plat allant au four. Déposer les filets d'aiglefin ; couvrir d'oignon et de champignons. Assaisonner et verser le vin blanc. Couvrir et faire cuire au four 10 minutes. Retourner les filets d'aiglefin une fois pendant la cuisson.

Dresser les filets d'aiglefin sur un plat de service. Verser les autres ingrédients du plat dans une casserole. Faire cuire sur le feu 5 à 6 minutes. Incorporer la sauce blanche, amener à ébullition et verser sur les filets d'aiglefin.

Garnir de persil et de tranches de citron.

Pâté de crevettes des îles Saturna

700 g (1 ¹/₂ livre) de crevettes, fraîches, cuites, décortiquées, nettoyées
125 ml (¹/₂ tasse) de beurre, ramolli
7 ml (¹/₂ c. à soupe) de jus de citron
7 ml (¹/₂ c. à soupe) de sherry pour la cuisson
2 ml (¹/₂ c. à thé) de jus d'oignon
2 ml (¹/₂ c. à thé) de moutarde sèche
Macis, sel et poivre fraîchement moulu

Mettre tous les ingrédients dans un mixer ou dans un robot culinaire jusqu'à l'obtention d'un mélange homogène. Ou mélanger à la main si, préalablement, les crevettes ont été réduites en pâte, puis battues avec le beurre.

Déposer dans un plat et garder au réfrigérateur plusieurs heures avant de servir avec des craquelins.

La pêche du jour.

Truites au four

pour 4 personnes

*4 truites de 500 g (1 livre) chacune, entières
et nettoyées
50 ml (¹/4 tasse) de farine
50 ml (¹/4 tasse) de beurre, fondu
30 ml (2 c. à soupe) de persil, haché
50 ml (¹/4 tasse) de vin blanc, sec
jus de ¹/2 citron
sel et poivre*

Préchauffer le four à 220 °C (425 °F).

Laver les truites sous l'eau froide ; assécher.

Pratiquer 4 incisions de chaque côté, sur la partie la plus épaisse des truites.

Enfariner les truites. Bien assaisonner.

Verser le beurre fondu dans un petit bol. Ajouter le persil haché et le jus de citron. Bien mélanger et badigeonner les truites de ce mélange.

Déposer les truites dans un plat à rôtir badigeonné d'huile chaude. Mettre au four à gril (broil) 6 à 7 minutes de chaque côté.

Trois minutes avant la fin de la cuisson, verser le vin sur les truites.

Servir avec du beurre fondu et du jus de citron.

Sainte-Thérèse-de-Gaspé est un des nombreux villages de pêcheurs de la rive sud de la Péninsule de Gaspé, Québec.

Filets de maquereau Rosalie

pour 4 personnes

*4 filets de maquereau
250 ml (1 tasse) de farine
45 ml (3 c. à soupe) d'huile de noix
1 oignon, finement tranché
125 g (¹/4 livre) de champignons, finement
hachés
2 échalotes, hachées
15 ml (1 c. à soupe) de persil, haché
sel et poivre
jus de citron*

Enfariner les filets de maquereau. Faire chauffer 25 ml (1 ¹/2 c. à soupe) d'huile dans une poêle à frire. Faire cuire les filets de maquereau 3 à 4 minutes de chaque côté.

Dresser sur un plat allant au four. Ajouter le reste des ingrédients dans la poêle, y compris l'huile. Bien assaisonner ; faire cuire 2 minutes.

Mettre au four à gril (broil) 4 minutes. Servir avec du jus de citron.

Filets d'alose florentines

pour 4 personnes

4 gros filets d'alose
1 œuf battu
125 ml (¹/₂ tasse) de lait
250 ml (1 tasse) de farine
30 ml (2 c. à soupe) d'huile
15 ml (1 c. à soupe) de beurre
2 paquets d'épinards, lavés, cuits, hachés
125 ml (¹/₂ tasse) de sauce blanche, chaude
30 ml (2 c. à soupe) de crème
une pincée de muscade
sel et poivre
tranches de citron pour garnir

Dans un petit bol, mélanger l'œuf et le lait. Assaisonner les filets d'alose, puis les tremper dans le mélange. Enfariner les filets d'alose.

Faire chauffer l'huile dans la poêle à frire. Ajouter les filets d'alose ; faire cuire 2 à 3 minutes de chaque côté.

Dresser sur un plat de service. Garder au chaud dans un four à 70 °C (150 °F).

Faire chauffer le beurre dans une casserole. Ajouter les épinards ; faire cuire 2 à 3 minutes. Incorporer la sauce blanche, la crème et la muscade. Faire cuire 2 à 3 minutes.

Servir la sauce avec les filets d'alose. Garnir de tranches de citron.

Paupiettes de saumon farcies à la mousse de brochet

pour 4 personnes

250 ml (1 tasse) de mousse de brochet
8 tranches de saumon, très minces
30 ml (2 c. à soupe) de beurre
2 échalotes, séchées et hachées
30 ml (2 c. à soupe) d'estragon, frais, haché
250 ml (1 tasse) de vin blanc, sec
500 ml (2 tasses) de sauce Nantua, chaude
poivre

Préchauffer le four à 180 °C (350 °F).

Mettre 15 ml (1 c. à soupe) de mousse de brochet sur chaque tranches de saumon. Rouler les tranches.

Bien beurrer un plat allant au four. Ajouter les échalotes et l'estragon. Placer les rouleaux de saumon dans le plat. Verser le vin et bien poivrer. Couvrir et faire cuire au four 10 à 12 minutes.

Dresser les rouleaux de saumon sur un plat de service.

Déposer le plat de cuisson sur le feu ; faire réduire le liquide aux ³/₄. Incorporer la sauce Nantua et faire cuire à feu doux 2 minutes.

Verser la sauce sur les rouleaux de saumon et servir.

Un bateau de pêche commerciale au filet dans la rivière Fraser près de Steveston, Colombie-Britannique.

Village amérindien de ˋKsan, Colombie-Britannique.

LES PREMIERS HABITANTS

Les premiers habitants du Canada, des groupes semi-nomades isolés par les grandes étendues d'un pays très accidenté, apprirent à tirer profit de toutes les ressources que la nature pouvait leur offrir. Représentant le Canada de l'Atlantique au Pacifique, la cuisine amérindienne nous rappelle l'importance que les Amérindiens attachaient aux richesses de la terre et de la mer.

Ils n'utilisaient pas seulement les plantes cultivées et sauvages dans leurs mets, mais aussi pour leurs rituels religieux et comme remèdes.

Leur nourriture, simple et riche, leur permettait de survivre sur cette terre souvent impitoyable et assurait une excellente source d'énergie aux chasseurs et aux trappeurs.

Les techniques de cuisson, à cause du mode de vie des Amérindiens, occasionnaient très peu de gaspillage. Les tiges, les racines ou les feuilles non comestibles d'une plante étaient utilisées dans la fabrication des vêtements et des armes. Ce mode de vie logique et nécessaire a suscité beaucoup de créativité dans la cuisine amérindienne et encore de nos jours, vous retrouverez ces mêmes tendances.

Pendant toute l'année, lors des festivités, on offrait souvent une grande variété de boissons fermentées faites à base de baies sauvages.

La plupart des desserts amérindiens étaient aussi faits à partir de baies.

Ceux qui désirent visiter le Canada ne peuvent ignorer cette délicieuse cuisine.

Nous avons donc sélectionné quelques-unes des meilleures recettes de la cuisine amérindienne authentique. Certaines d'entre elles ont cependant été soigneusement adaptées à la cuisine moderne. Certains ingrédients ne vous seront peut-être pas familiers, mais vous pourrez vous les procurer dans des boutiques spécialisées. Vos efforts en vaudront la peine ! En découvrant la cuisine amérindienne, que ce soit avec le rôti d'épaule d'orignal ou avec la soupe aux baies, vous pourrez en apprécier les particularités, la simplicité et la saveur propres à cette cuisine.

Fruits de mer à l'amérindienne, style moderne

pour 4 à 6 personnes

2 homards, cuits 10 minutes dans de l'eau de mer (avec des algues si possible)
14 pétoncles
14 crevettes, décortiquées, nettoyées
12 oignons sauvages
50 ml (¹/4 tasse) de graisse de bacon, fondue

Découper la chair des homards en cubes. Sur des brochettes, enfiler en alternant les pétoncles, les crevettes, le homard et les oignons. Bien badigeonner de graisse de bacon.

Faire cuire sur un feu de bois ou sur le gril 3 minutes. Retourner et continuer la cuisson 2 autres minutes. Servir.

Confiture de baies

500 g (1 livre) de cerises à grappe
500 g (1 livre) de mûres
375 ml (1 ¹/2 tasse) de sirop d'érable
250 ml (1 tasse) de cidre
15 ml (1 c. à soupe) d'alcool blanc

Mettre tous les ingrédients dans une casserole et remuer. Faire cuire à feu moyen 40 minutes, laisser refroidir et servir.

Riz sauvage

pour 4 à 6 personnes

500 ml (2 tasses) de riz sauvage, lavé
750 ml (3 tasses) d'eau
30 ml (2 c. à soupe) d'huile de tournesol
250 g (¹/2 livre) de champignons sauvages, lavés, coupés en deux
250 ml (1 tasse) de maïs
2 oignons sauvages, hachés
quelques feuilles d'oseille, hachées
sel et poivre

Préchauffer le four à 160 °C (325 °F).

Mettre le riz dans une casserole et ajouter l'eau. Couvrir et amener à ébullition. Faire cuire 10 à 12 minutes.

Retirer la casserole du feu. Couvrir et laisser reposer 30 minutes ou jusqu'à ce que le riz ait absorbé complètement l'eau.

Faire chauffer l'huile dans une sauteuse. Ajouter les champignons, les feuilles d'oseille, le maïs et les oignons. Mélanger et faire cuire 3 minutes. Bien assaisonner.

Déposer le riz dans une cocotte. Incorporer le mélange de champignons et faire cuire au four 25 minutes.

Servir comme légume ou avec de la viande.

Friture de truites

pour 6 à 8 personnes

375 ml (1 ¹/2 tasse) de farine de maïs
1 oignon sauvage, très finement haché
1 branche de thym sauvage
6 à 8 petites truites, lavées, nettoyées
125 ml (¹/2 tasse) d'huile de noix ou de maïs
sel et poivre

Mélanger la farine, l'oignon et le thym dans un bol. Rouler les truites dans ce mélange et bien assaisonner.

Faire chauffer l'huile dans une poêle à frire ; ajouter le poisson. Faire cuire 4 minutes de chaque côté. Servir.

Crêpes aux bleuets

pour 6 à 8 personnes

500 ml (2 tasses) de bleuets, lavés
125 ml (¹/₂ tasse) de sirop d'érable
750 ml (3 tasses) de farine
3 œufs
1 blanc d'œuf, en neige ferme
huile de tournesol
sirop d'érable

Placer les bleuets dans un tamis et les écraser avec une cuillère pour obtenir du jus.

Mettre les bleuets dans un bol. Incorporer le sirop d'érable, la farine et les œufs entiers. Bien mélanger et incorporer les blancs d'œufs en neige en pliant. Faire cuire les crêpes jusqu'à ce qu'elles soient dorées des deux côtés.

Servir avec du sirop d'érable.

Citrouille au sirop d'érable

pour 6 à 8 personnes

1 citrouille moyenne, lavée
375 ml (1 ¹/₂ tasse) de sirop d'érable
15 ml (1 c. à soupe) de sirop de maïs
375 ml (1 ¹/₂ tasse) de canneberges, lavées
50 ml (¹/₄ tasse) de beurre fondu

Préchauffer le four à 180 °C (350 °F).

Envelopper la citrouille dans du papier d'aluminium et faire cuire au four 1 heure.

Retirer la citrouille et découper une calotte. Avec une grande cuillère, retirer la chair et les pépins. Mettre la citrouille et la calotte de côté.

Mélanger le sirop d'érable, le sirop de maïs, les canneberges et le beurre dans une casserole. Amener à ébullition et faire cuire 6 minutes.

Badigeonner généreusement l'intérieur de la citrouille avec le mélange de sirop. Remettre la calotte et envelopper dans du papier d'aluminium. Faire cuire au four 35 minutes. Arroser plusieurs fois pendant la cuisson.

Pour servir, retirer le papier d'aluminium et la calotte. Couper la citrouille en grosses tranches et arroser avec le mélange de sirop, chaud.

Crabe à l'oseille des bois

pour 4 à 6 personnes

375 ml (1 ¹/₂ tasse) de chair de crabe
750 ml (3 tasses) d'oseille des bois, lavée,
hachée
¹/₂ oignon sauvage, haché
30 ml (2 c. à soupe) de farine de maïs
1 œuf
75 ml (5 c. à soupe) de graisse de bacon ou
de beurre
sel et poivre

Bien égoutter la chair de crabe. Placer dans un bol ; mélanger avec l'oseille des bois et l'oignon. Bien assaisonner et incorporer la farine.

Incorporer l'œuf et façonner de petites crêpes.

Faire chauffer la graisse dans une poêle à frire. Faire cuire les crêpes 3 minutes de chaque côté. Servir.

Succotash

pour 4 à 6 personnes

*2 oignons, hachés
1 poivron rouge, haché
1 poivron vert, haché
750 ml (3 tasses) de maïs jaune, frais
500 ml (2 tasses) d'eau
500 ml (2 tasses) de fèves de Lima, écossées
45 ml (3 c. à soupe) de beurre
sel et poivre*

Mettre les oignons, les poivrons et le maïs dans une grande casserole ; bien mélanger.

Ajouter l'eau ; saler et poivrer.

Ajouter les fèves de Lima et le beurre ; bien mélanger. Rectifier l'assaisonnement. Couvrir et faire cuire à feu doux 20 à 25 minutes. Servir.

Canard sauvage farci

pour 4 personnes

*2 canards sauvages, déplumés, sans queue ni cou
15 ml (1 c. à soupe) d'huile de tournesol
4 pommes, évidées, pelées, coupées en 4
125 ml (1/2 tasse) de baies sucrées, lavées
50 ml (1/4 tasse) de sirop d'érable
2 feuilles de menthe, hachées
sel de mer et poivre du moulin*

Préchauffer le four à 200 °C (400 °F).

Retirer et hacher les foies des canards ; mettre de côté. Laver l'intérieur et l'extérieur des canards ; assécher. Saler et poivrer l'intérieur.

Faire chauffer l'huile dans une sauteuse. Ajouter les pommes, les baies, le sirop d'érable et les feuilles de menthe. Mélanger, couvrir et faire cuire 10 à 12 minutes.

Disposer la farce dans un bol. Mettre les foies hachés dans la sauteuse ; faire cuire plusieurs minutes. Bien assaisonner et ajouter à la farce.

Farcir et ficeler les canards. Mettre dans un plat à rôtir allant au four et piquer la peau avec un couteau bien affilé.

Faire cuire au four 1 heure. Réduire la température du four à 190 °C (375 °F) et continuer la cuisson 30 minutes.

Servir avec une sauce aux baies.

Riz sauvage aux tomates

pour 4 à 6 personnes

*500 ml (2 tasses) de riz sauvage, lavé, égoutté
1,5 L (6 tasses) d'eau
2 oignons, coupés en dés
250 ml (1 tasse) de noisettes, écalées, hachées
2 grosses tomates, coupées en quartiers
sel et poivre*

Dans une grande casserole, mélanger le riz, l'eau et les oignons. Amener à ébullition, couvrir et faire cuire à feu moyen 35 à 40 minutes ou jusqu'à ce que le riz ait absorbé complètement l'eau.

Ajouter les noisettes hachées et les tomates. Assaisonner au goût et bien mélanger. Couvrir et continuer la cuisson 20 à 25 minutes en remuant de temps en temps. Servir.

Bannock savoureux

pour 2 personnes

250 ml (1 tasse) de farine de blé entier
5 ml (1 c. à thé) de poudre à pâte
5 ml (1 c. à thé) de sel
2 ml (¹/2 c. à thé) de sauge, de thym et d'ail
50 ml (¹/4 tasse) d'oignon, haché
15 ml (1 c. à soupe) de saindoux
eau

Mélanger la farine, la poudre à pâte le sel et les épices. Ajouter l'oignon.

Incorporer le saindoux au mélange en le coupant, et mélanger vigoureusement.

Ajouter suffisamment d'eau pour obtenir une pâte ferme.

Façonner des pâtés d'environ 2 cm (³/4 po) d'épaisseur ; mettre dans une poêle à frire graissée. Faire cuire à feu moyen 10 minutes de chaque côté.

Soupe aux courges

pour 6 à 8 personnes

2 courges, pelées, coupées en dés
3 oignons verts, finement tranchés
30 ml (2 c. à soupe) de sirop d'érable
1,5 L (6 tasses) d'eau
15 ml (1 c. à soupe) d'huile
15 ml (1 c. à soupe) de fenouil, haché
sel et poivre blanc

Dans une grande casserole, mettre les courges, les oignons verts et le sirop d'érable. Bien saler et poivrer.

Ajouter l'eau et l'huile ; mélanger. Couvrir et faire cuire à feu doux 25 à 30 minutes ou jusqu'à ce que les courges soient cuites. Mettre en purée dans un mixer.

Verser la purée dans la casserole. Ajouter le fenouil et rectifier l'assaisonnement. Laisser mijoter 5 minutes. Servir avec du pain frais.

Rôti de venaison

pour 4 à 6 personnes

750 ml (3 tasses) de cidre
2 oignons sauvages
45 ml (3 c. à soupe) de sirop d'érable
50 ml (¹/4 tasse) de baies de genièvre, lavées
2 ml (¹/2 c. à thé) de thym sauvage
4 à 6 petites noisettes
2,3 kg (5 livres) de rôti de venaison
30 ml (2 c. à soupe) d'huile de noix

Préchauffer le four à 190 °C (375 °F).

Mettre le cidre, les oignons, le sirop d'érable, les baies de genièvre, le thym et les noisettes dans une casserole. Amener à ébullition et faire cuire 6 minutes.

Verser la marinade sur le rôti et laisser au réfrigérateur toute une nuit.

Disposer le rôti sur un plat à rôtir allant au four ; réserver le reste de marinade. Badigeonner le rôti d'huile et le mettre au four. Faire cuire 1 ¹/2 heure en arrosant souvent avec la marinade.

Servir avec des pommes de terre au four et une salade de pissenlits.

Moules à la huronne

pour 4 personnes

48 moules
500 ml (2 tasses) d'eau
50 ml (¹/4 tasse) de beurre
2 ml (¹/2 c. à thé) de thym sauvage
45 ml (3 c. à soupe) de cresson sauvage,
haché
poivre du moulin

Laver les moules sous l'eau froide. Retirer les barbes avec un couteau bien affilé et bien les brosser.

Rincer encore les moules et les mettre dans une grande casserole. Ajouter le reste des ingrédients. Couvrir et amener à ébullition.

Faire cuire à feu doux 3 minutes en remuant afin que la cuisson soit uniforme. Une trop longue cuisson donnera des moules coriaces.

Retirer les moules avec une écumoire ; déposer sur un plat de service.

Continuer la cuisson de la sauce 3 à 4 minutes. Verser sur les moules et servir.

Ragoût de lapin

pour 8 personnes

2 lapins, nettoyés
30 feuilles d'oseille sauvage
1,2 L (5 tasses) d'eau
45 ml (3 c. à soupe) d'huile de noix
12 pommes sauvages, évidées, pelées,
coupées en deux
3 oignons sauvages, hachés
500 ml (2 tasses) de têtes de violon, lavées,
cuites à la vapeur
une pincée de thym sauvage
sel de mer et poivre

Préchauffer le four à 180 °C (350 °F).

Découper les lapins en morceaux. Retirer et hacher les foies ; mettre de côté.

Mettre les feuilles d'oseille sauvage dans une casserole. Couvrir d'eau et amener à ébullition. Laisser mijoter 20 minutes. Égoutter et garder 500 ml (2 tasses) de liquide.

Faire chauffer l'huile dans une grande sauteuse. Ajouter le lapin, bien saler et faire brunir à feu vif 10 à 12 minutes.

Ajouter les pommes, les oignons et les foies hachés. Bien mélanger, puis incorporer le thym et le liquide de l'oseille sauvage. Bien assaisonner.

Couvrir et faire cuire au four 1 ¹/2 heure. Huit minutes avant la fin de la cuisson, ajouter les têtes de violon. Servir.

Soupe aux pommes de terre

pour 6 personnes

6 pommes de terre, pelées, coupées en dés
6 tomates, fraîches, lavées, coupées en dés
3 pommes à cuire, pelées, évidées, coupées en dés
125 ml (¹/2 tasse) de menthe fraîche, hachée
2 L (8 tasses) d'eau
15 ml (1 c. à soupe) de fécule de maïs
2 feuilles de baies de laurier
250 ml (1 tasse) d'aneth, haché
une pincée de basilic
sel et poivre

Mettre les pommes de terre, les tomates, les pommes, la menthe et l'eau dans une grande casserole ; mélanger. Saler et poivrer.

Ajouter la fécule de maïs ; mélanger. Couvrir et faire cuire à feu doux 2 heures, en remuant de temps en temps.

Ajouter les herbes, remuer et continuer la cuisson 8 à 10 minutes. Servir.

Ragoût à la huron

pour 6 à 8 personnes

900 g (2 livres) d'épaule d'agneau
900 g (2 livres) de jarret de veau
1 lapin, coupé en morceaux
375 ml (1 ¹/2 tasse) de haricots blancs, secs, trempés 12 heures dans de l'eau froide
375 ml (1 ¹/2 tasse) de maïs cuit
2 gousses d'ail sauvage
50 ml (¹/4 tasse) de sirop d'érable

Préchauffer le four à 140 °C (275 °F).

Couper la viande en cubes de 2,5 cm (1 po).

Mettre la viande dans une grande casserole allant au four. Bien assaisonner.

Ajouter le reste des ingrédients. Rectifier l'assaisonnement. Couvrir et faire cuire au four 8 heures. Servir.

Enfants amérindiens au Stampede de Calgary.

Soupe aux baies

pour 6 à 8 personnes

10 échalotes, lavés, tranchés
12 baies de genièvre, séchées
250 ml (1 tasse) de graines de tournesol,
écalées
2 feuilles de menthe fraîche
2,5 L (10 tasses) d'eau
fenouil frais, haché, au goût

Mettre tous les ingrédients dans une grande marmite. Couvrir partiellement et amener à ébullition. Faire cuire à feu doux 1 heure. Servir.

Compote de pommes

pour 4 à 6 personnes

1,4 kg (3 livres) de pommes à cuire,
évidées, coupées en quatre
500 g (1 livre) de baies sucrées, lavées
250 ml (1 tasse) de sirop d'érable
250 ml (1 tasse) d'eau
crème fraîche

Mettre tous les ingrédients dans une grande casserole, sauf la crème, et couvrir. Amener à ébullition.

Bien mélanger et continuer la cuisson à feu très doux 1 heure.

Laisser refroidir et servir avec de la crème fraîche.

Rôti d'épaule d'orignal

pour 4 à 6 personnes

50 ml (¹/4 tasse) d'huile végétale
125 ml (¹/2 tasse) d'alcool blanc
2 oignons, tranchés
3 gousses d'ail sauvage
15 ml (1 c. à soupe) de gingembre, frais,
haché
125 ml (¹/2 tasse) de mélasse
30 ml (2 c. à soupe) de sauce soya
1 rôti d'épaule d'orignal, désossé,
de 2,3 kg (5 livres)

Préchauffer le four à 180 °C (350 °F).

Dans un bol, mélanger l'huile, l'alcool, les oignons, l'ail, le gingembre, la mélasse et la sauce soya. Verser le mélange sur le rôti et laisser mariner 2 heures.

Déposer le rôti dans un plat à rôtir allant au four. Faire cuire au four, sans couvrir, 1 ¹/2 heure en arrosant souvent avec la marinade.

Servir.

Boisson amérindienne

pour 8 à 10 personnes

2 L (8 tasses) d'eau
375 ml (1 ¹/2 tasse) de miel
alcool blanc ou rhum

Mettre l'eau et le miel dans une grande casserole. Amener à ébullition et faire cuire 12 minutes. Laisser refroidir.

Pour servir, mélanger avec du rhum ou de l'alcool blanc.

Oie sauvage rôtie

pour 6 à 8 personnes

50 ml (¹/4 tasse) d'alcool blanc
2 oignons sauvages, hachés
3 à 4 feuilles d'aneth, frais, haché
1 oie de 4,5 à 5,4 kg (10 à 12 livres),
nettoyée, les abats hachés
45 ml (3 c. à soupe) d'huile de noix
250 g (¹/2 livre) de champignons sauvages,
hachés
6 pommes sauvages, évidées, pelées,
tranchées
125 ml (¹/2 tasse) de farine de maïs
250 ml (1 tasse) de riz sauvage, cuit
une pincée de thym sauvage
plusieurs feuilles de cresson sauvage, haché
sel et poivre

Préchauffer le four à 180 °C (350 °F).
Mélanger l'alcool, les oignons, le thym et l'aneth dans un petit bol. Bien mélanger et verser sur l'oie. Mettre l'oie de côté 1 heure.

Faire chauffer 30 ml (2 c. à soupe) d'huile dans une poêle à frire. Ajouter les abats, les champignons et les pommes ; bien assaisonner. Couvrir et faire cuire 8 minutes.

Ajouter la farine de maïs, le riz et le cresson ; bien mélanger. Faire cuire 3 minutes.

Farcir l'oie et la ficeler. Déposer dans un plat à rôtir allant au four et badigeonner avec le reste d'huile. Faire cuire au four 3 ¹/2 à 4 heures, selon la grosseur. Piquer la peau pendant la cuisson pour permettre au gras de s'écouler. Arroser souvent.

Servir l'oie avec de la sauce aux baies.

Ragoût d'orignal et de poisson

pour 8 personnes

900 g (2 livres) de truite, sans arêtes,
coupée en gros morceaux
900 g (2 livres) de saumon, sans arêtes,
coupé en gros morceaux
1,4 kg (3 livres) de viande d'orignal,
coupée en cubes de 3,8 cm (1 ¹/2 po)
900 g (2 livres) de haricots rouges, trempés
12 heures dans de l'eau froide
500 g (2 tasses) de maïs
3 oignons sauvages, hachés

2 ml (¹/2 c. à thé) de thym sauvage
50 ml (¹/4 tasse) de sirop d'érable
sel de mer et poivre

Préchauffer le four à 120 °C (250 °F).
Mettre tous les ingrédients dans une grosse marmite en fonte. Couvrir d'eau, mélanger et bien assaisonner.

Couvrir et faire cuire au four 8 heures. Servir.

Steak d'orignal

pour 4 personnes

45 ml (3 c. à soupe) d'huile de noix
2 oignons sauvages, hachés
30 ml (2 c. à soupe) d'alcool blanc
2 ml (¹/2 c. à thé) de thym sauvage
1,6 kg (3 ¹/2 livres) de bifteck d'orignal de
3,8 cm (1 ¹/2 po) d'épaisseur
sel de mer et poivre

Mélanger l'huile, les oignons, l'alcool, le thym et le poivre dans un petit bol. Bien mélanger et assaisonner.

Avec un petit couteau bien affilé, pratiquer plusieurs incisions de chaque côté de la viande. Badigeonner de marinade.

Faire cuire au four à gril (broil) 35 à 40 minutes, en arrosant la viande de temps en temps. Trancher et servir.

Saumon grillé sur charbon de bois

pour 4 personnes

4 oignons sauvages, hachés
60 ml (4 c. à soupe) d'huile de noix
3 feuilles de menthe, hachées
4 darnes de saumon de 3 cm (1 ¹/4 po)
d'épaisseur
une pincée de thym sauvage

Mélanger les oignons, l'huile, la menthe hachée et le thym dans un bol ; bien mélanger.

Badigeonner les darnes de saumon avec ce mélange. Faire cuire sur des charbons chauds 4 à 5 minutes de chaque côté. Arroser pendant la cuisson. Servir.

LES VILLES CANADIENNES INTERNATIONALES

D'un océan à l'autre, les villes internationales du Canada offrent un grand éventail de cuisines multiculturelles. Les spécialités de tous les pays ne cessent de charmer et de ravir les visiteurs. Au fil des ans, les villes canadiennes se sont tissées une réputation pour leurs cuisines ethniques particulières. Par exemple, Montréal est reconnue pour sa délicieuse cuisine française. D'agréables bistros de style français, comme les cafés intérieurs et extérieurs, bordent les étroites rues pavées du Vieux Montréal. Quelle merveilleuse façon de profiter pleinement d'un après-midi ou d'une soirée en savourant simplement un délicieux repas.

Depuis des années, le climat agréable de Vancouver attire des Orientaux. Les cuisines chinoise et japonaise en ont enthousiasmé plusieurs et continuent de plaire à bien d'autres.

Chaque année, les résidants et les visiteurs peuvent profiter des festivités et des célébrations traditionnelles du « Chinatown » et goûter une authentique cuisine d'Extrême-Orient.

Les marchés de Vancouver, où il fait bon flâner, regorgent de fruits bien mûrs et de somptueux légumes. Avec tous ces produits frais, les mets orientaux gardent toute leur authenticité.

Toronto, au bord du Lac Ontario, abrite le plus grand choix de cuisines multiethniques. Un grand nombre de visiteurs se rendent dans cette ville sophistiquée où ils peuvent déguster des mets italiens régionaux. Les quartiers italiens de Toronto reflètent le charme et la chaleur de leur pays d'origine. Les petites épiceries débordent de pains délicieux, de viandes froides et de nombreuses spécialités italiennes.

À l'est et à l'ouest de ces trois villes, des cuisines de tous les pays vous attendent. Mais pour l'instant, pourquoi ne pas satisfaire votre palais avec quelques-unes des recettes des pages suivantes ?

Calgary, Alberta ; site des jeux Olympiques d'hiver de
1988.

Filets de sole à l'ail et carottes à la tequila

pour 4 personnes

4 carottes, tranchées
30 ml (2 c. à soupe) de beurre
45 ml (3 c. à soupe) de tequila
50 ml (¹/₄ tasse) d'huile d'olive
3 gousses d'ail, écrasées, hachées
4 gros filets de sole
jus de 1 lime
fenouil frais, haché
sel et poivre

Mettre les carottes dans une casserole remplie de 500 ml (2 tasses) d'eau bouillante. Faire cuire 5 à 6 minutes, selon l'épaisseur.

Égoutter les carottes et les remettre dans la casserole. Incorporer le beurre et la tequila. Parsemer de fenouil haché et garder au chaud.

Faire chauffer la moitié de l'huile dans une poêle à frire. Ajouter l'ail et faire cuire 2 minutes. Mettre de côté.

Faire chauffer l'huile dans une autre poêle à frire. Ajouter les filets de sole et faire cuire 3 minutes. Retourner les filets et bien assaisonner. Continuer la cuisson 2 minutes.

Lorsque les filets de sole sont cuits, les dresser sur un plat de service.

Remettre la poêle à frire contenant l'ail sur le feu. Lorsqu'elle est chaude, ajouter le jus de lime. Laisser mijoter quelques minutes.

Verser la sauce à l'ail sur les filets de sole et servir avec les carottes.

Brocoli à la romaine

pour 4 personnes

1 gros pied de brocoli
50 ml (¼ tasse) d'huile d'olive
2 gousses d'ail, écrasées, hachées
15 ml (1 c. à soupe) de ciboulette, hachée
15 ml (1 c. à soupe) de persil, haché
125 ml (¹/₂ tasse) de vin blanc, sec
500 ml (2 tasses) de sauce au fromage, bien assaisonnée
une pincée de paprika
sel et poivre

Détacher les bouquets de brocoli des tiges et bien les laver. Trancher les tiges et mettre le brocoli de côté.

Faire chauffer l'huile dans une grande sauteuse. Ajouter l'ail et faire cuire à feu doux 2 minutes.

Ajouter les bouquets et les tiges tranchées. Saler et poivrer. Faire cuire à feu vif 3 à 4 minutes.

Ajouter la ciboulette et le persil ; bien mélanger. Verser le vin et couvrir. Continuer la cuisson 6 à 7 minutes.

Ajouter la sauce au fromage et le paprika ; faire mijoter quelques minutes.

Servir.

Tarte au poulet à la niçoise

pour 4 personnes

4 tartelettes gelées
1 ¹/₂ poitrine de poulet, désossée, sans peau
750 ml (3 tasses) d'eau
¹/₂ branche de céleri
1 carotte, finement tranchée
30 ml (2 c. à soupe) d'huile d'olive
1 oignon, pelé, haché
1 gousse d'ail, écrasée, hachée
3 grosses tomates, pelées, hachées
20 olives, dénoyautées, hachées
15 ml (1 c. à soupe) de persil, haché
5 ml (1 c. à thé) d'estragon
45 ml (3 c. à soupe) de pâte de tomate
sel et poivre

Faire cuire les tartelettes en suivant les indications sur l'emballage.

Mettre le poulet dans une grande sauteuse. Couvrir d'eau et ajouter le céleri et la carotte. Bien assaisonner. Amener à ébullition et faire cuire à feu doux 12 minutes.

Lorsque le poulet est cuit, retirer la viande et les légumes ; trancher finement. Réserver 125 ml (¹/₂ tasse) du liquide de cuisson.

Faire chauffer l'huile dans une poêle à frire. Ajouter les oignons et l'ail ; faire cuire à feu doux 3 minutes. Ajouter les tomates, les olives et le liquide de cuisson réservé. Incorporer les épices et faire cuire 8 minutes.

Incorporer la pâte de tomate. Ajouter le poulet, bien assaisonner et laisser mijoter 3 à 4 minutes.

Remplir les tartelettes et servir.

Escalopes de veau au Marsala

pour 4 personnes

4 escalopes de veau de 170 g (6 onces) chacune
125 ml (¹/₂ tasse) de farine
45 ml (3 c. à soupe) de beurre
1 poivron vert, haché
250 g (¹/₂ livre) de champignons, lavés, tranchés
125 ml (¹/₂ tasse) de vin de Marsala
125 ml (¹/₂ tasse) de sauce brune, claire,
chaude
sel et poivre

Tailler légèrement les escalopes. Attendrir la viande avec la partie plate d'un couteau ou le dos de la main. Saupoudrer de farine et bien assaisonner.

Faire chauffer le beurre dans une poêle à frire. Ajouter les escalopes de veau et les faire sauter 2 minutes de chaque côté. Retirer et garder au chaud.

Ajouter le poivron vert et les champignons dans la poêle et bien mélanger. Continuer la cuisson 3 à 4 minutes.

Incorporer le vin, continuer la cuisson 2 à 3 minutes et ajouter la sauce brune. Mélanger et bien assaisonner. Laisser mijoter 2 à 3 minutes.

Verser la sauce sur les escalopes de veau et servir.

Soupe aux pommes au cari et aux pommes de terre

pour 4 personnes

45 ml (3 c. à soupe) de beurre
1 oignon, pelé, finement tranché
45 ml (3 c. à soupe) de cari en poudre
3 pommes à cuire, évidées, pelées, tranchées
2 grosses pommes de terre, pelées, tranchées
1 ml (¹/₄ c. à thé) de gingembre moulu
1,2 L (5 tasses) de bouillon de poulet, chaud
175 ml (³/₄ tasse) de crème à 35 %
quelques gouttes de jus de citron
sel et poivre

Faire chauffer le beurre dans une grande casserole. Ajouter l'oignon, couvrir et faire cuire à feu doux 2 à 3 minutes. Ajouter le cari en poudre, bien mélanger et continuer la cuisson 2 minutes.

Ajouter les pommes et les pommes de terre ; arroser de jus de citron. Incorporer le gingembre, couvrir et faire cuire 2 minutes.

Ajouter le bouillon de poulet et amener à ébullition. Continuer la cuisson 20 minutes. Passer la soupe dans le moulin à légumes et incorporer la crème.

Rectifier l'assaisonnement et garnir de feuilles de menthe. Servir.

Note : Cette soupe peut être servie froide en y ajoutant plus de crème.

Escargots à la chablisienne

pour 4 personnes

32 escargots en boîte
45 ml (3 c. à soupe) de beurre
250 g (¹/₂ livre) de têtes de champignons
2 échalotes, finement hachées
50 ml (¹/₄ tasse) vin blanc, sec
250 ml (1 tasse) de crème à 35 %
quelques gouttes de jus de citron
sel et poivre du moulin

Laver les escargots sous l'eau froide.

Faire chauffer le beurre dans une poêle à frire. Ajouter les champignons et les échalotes ; faire cuire 3 minutes.

Incorporer le vin et faire cuire à feu vif 3 minutes. Ajouter la crème et amener à ébullition.

Faire cuire 3 minutes, puis ajouter les escargots. Réduire le feu et laisser mijoter 2 minutes. Bien assaisonner et arroser de jus de citron.

Servir sur des tranches de pain grillé.

Ragoût à la Pickelsteiner

pour 4 personnes

45 ml (3 c. à soupe) de beurre
250 g (¹/₂ livre) de jarret de veau, coupé en cubes de 2,5 cm (1 po)
250 g (¹/₂ livre) d'épaule d'agneau, coupée en cubes de 2,5 cm (1 po)
500 g (1 livre) de jarret de porc, coupé en cubes de 2,5 cm (1 po)
1 gros oignon, pelé, finement haché
45 ml (3 c. à soupe) de farine
500 ml (2 tasses) de pâte de tomate
500 ml (2 tasses) de bouillon de poulet, chaud
1 feuille de laurier
1 ml (¹/₄ c. à thé) de thym
2 ml (¹/₂ c. à thé) de chili en poudre
une pincée de paprika
sel et poivre

Préchauffer le four à 180 °C (350 °F).

Faire chauffer le beurre dans une grande casserole allant au four. Ajouter le veau, l'agneau et le porc ; faire cuire à feu vif 4 minutes de chaque côté.

Ajouter l'oignon, faire cuire 3 minutes, et bien assaisonner. Mélanger la farine et faire cuire à feu doux 2 minutes.

Ajouter la pâte de tomate, le bouillon de poulet et les épices. Amener à ébullition, couvrir et faire cuire au four 2 heures.

Servir avec des nouilles.

Steak à la hambourgeoise

pour 4 personnes

750 g (1 ¹/₂ livre) de bœuf maigre, haché
90 g (3 onces) de porc maigre, haché
15 ml (1 c. à soupe) de persil, haché
1 gros oignon, pelé, haché, cuit
2 tranches de pain blanc, sans croûte, trempées dans du lait
5 œufs
15 ml (1 c. à soupe) d'huile
30 ml (2 c. à soupe) de beurre
une pincée de paprika
quelques gouttes de sauce Worcestershire
sel et poivre

Mettre la viande, le persil et l'oignon dans un bol à mélanger. Bien assaisonner et ajouter la sauce Worcestershire. Ajouter le pain et mélanger 30 secondes.

Ajouter 1 œuf et mélanger 1 minute. Assaisonner de paprika et façonner en petits pâtés.

Faire chauffer l'huile dans une poêle à frire. Ajouter les pâtés et faire cuire 3 à 4 minutes de chaque côté. Lorsque les pâtés sont cuits, les disposer sur un plat de service. Garder au chaud.

Faire chauffer le beurre dans une poêle à frire. Briser délicatement le reste des œufs. Faire cuire à feu doux 2 à 3 minutes.

Déposer sur les pâtés et servir.

La communauté italienne de Toronto, la plus grande à l'extérieur de l'Italie, célèbre la victoire de l'équipe italienne de soccer.

Canadiens d'origine chinoise lors du défilé du nouvel an chinois.

Homard au cari

pour 4 personnes

2,5 L (10 tasses) d'eau
2 homards, vivants, de 750 g (1 ¹/₂ livre)
chacun
30 ml (2 c. à soupe) de beurre
1 gros oignon, pelé, haché
1 gousse d'ail, écrasée, hachée
2 oignons verts, coupés en dés
15 ml (1 c. à soupe) de gingembre, haché
30 ml (2 c. à soupe) de cari en poudre
5 ml (1 c. à thé) de clou de girofle, moulu
250 ml (1 tasse) de lait de noix de coco
1 concombre, pelé, épépiné, coupé en dés
3 feuilles de chou chinois, coupées en dés
sel et poivre

Verser l'eau dans une grande casserole. Bien saler et amener à ébullition. Plonger les homards vivants dans l'eau et couvrir. Faire cuire à feu doux 12 à 15 minutes.

Retirer les homards lorsqu'ils sont cuits et mettre de côté. Continuer la cuisson du liquide à feu vif 15 minutes. Réserver 250 ml (1 tasse) de liquide.

Faire chauffer le beurre dans une grande sauteuse. Ajouter l'oignon haché et l'ail ; bien mélanger. Incorporer les oignons verts et faire cuire à feu doux 2 à 3 minutes.

Ajouter le gingembre, le cari en poudre, et les clous de girofle. Mélanger, couvrir et faire cuire à feu doux 3 minutes. Bien assaisonner.

Ouvrir les homards dans le sens de la longueur. Jeter la veine noire et le petit sac sous la tête. Retirer la chair, la couper en cubes et mettre de côté.

Couper les carapaces en deux. Mélanger dans la sauteuse. Incorporer le lait et réserver le liquide de cuisson.

Ajouter le concombre, le chou et mélanger. Faire cuire à feu doux 12 minutes. Retirer les carapaces.

Incorporer la chair de homard, assaisonner et laisser mijoter 3 à 4 minutes. Servir sur du riz.

Pour une sauce plus épaisse, délayer 15 ml (1 c. à soupe) de fécule de maïs dans 30 ml (2 c. à soupe) d'eau ; incorporer à la sauce. Mélanger et laisser mijoter 1 à 2 minutes avant de servir.

Soupe grecque au citron

pour 4 à 6 personnes

2 citrons, frais
30 ml (2 c. à soupe) de beurre
4 échalotes, hachées
2 oignons verts, hachés
45 ml (3 c. à soupe) de farine
1,2 L (5 tasses) de bouillon de poulet, chaud
3 blancs d'œufs
30 ml (2 c. à soupe) de crème légère
125 ml (¹/₂ tasse) de crème à 35 %
2 jaunes d'œufs
des ramequins bien beurrés
sel et poivre

Préchauffer le four à 160 °C (325 °F).

Peler et trancher finement le zeste de citron. Réserver le jus de 1 ¹/₂ citron.

Faire chauffer le beurre dans une casserole. Ajouter le zeste de citron, les échalotes et les oignons verts. Couvrir et faire cuire à feu doux 3 minutes.

Ajouter la farine dans la casserole et bien mélanger. Incorporer le bouillon de poulet, mélanger et faire cuire à feu moyen 20 minutes. Bien assaisonner.

Six minutes avant la fin de la cuisson, ajouter le jus de citron réservé. Lorsque le tout est cuit, passer au tamis et remettre dans la casserole. Écumer.

Battre les blancs d'œufs avec une fourchette et incorporer légèrement la crème. Verser le mélange dans des ramequins. Faire cuire au four 6 à 7 minutes.

À la fin de la cuisson, retirer du four et démouler. Trancher en gros morceaux.

Mélanger la crème à 35 % avec les jaunes d'œufs et ajouter à la soupe qui mijote. Mélanger et laisser mijoter quelques minutes.

Servir la soupe au citron avec les blancs d'œufs cuits au four.

Salade de crabe et de riz

pour 4 personnes

375 g (³/4 livre) de chair de crabe, cuite
375 ml (1 ¹/2 tasse) de riz, cuit
1 gousse d'ail, écrasée, finement hachée
1 poivron rouge, finement tranché, blanchi
trois minutes dans de l'eau bouillante
1 poivron vert, finement tranché, blanchi
trois minutes dans de l'eau bouillante
375 ml (1 ¹/2 tasse) de champignons blancs,
tranchés
24 olives, farcies, hachées
30 ml (2 c. à soupe) de piments forts,
rouges, hachés
125 ml (¹/2 tasse) de noix de grenoble,
hachées
125 ml (¹/2 tasse) de vinaigrette à la
moutarde

Mettre tous les ingrédients dans un grand bol à salade. Bien assaisonner et ajouter la vinaigrette. Mélanger et faire mariner à la température de la pièce 30 minutes.

Servir sur des feuilles de laitue.

Vinaigrette à la moutarde :

25 ml (1 ¹/2 c. à soupe) de moutarde de
Dijon
50 ml (¹/4 tasse) de vinaigre de vin
175 ml (³/4 tasse) d'huile d'olive
50 ml (¹/4 tasse) de yogourt
jus de citron au goût
sel et poivre

Mettre la moutarde dans un petit bol. Ajouter le vinaigre et mélanger au fouet. Saler et poivrer ; mélanger.

Ajouter l'huile, en un mince filet, en remuant constamment. Incorporer le yogourt et quelques gouttes de jus de citron. Bien mélanger au fouet.

Porc aigre-doux

pour 4 personnes

2 filets de porc, sans gras,
finement tranchés
60 ml (4 c. à soupe) de sauce soya

125 ml (¹/2 tasse) de vin blanc, sec
15 ml (1 c. à soupe) de gingembre, haché
30 ml (2 c. à soupe) de fécule de maïs
30 ml (2 c. à soupe) d'huile de maïs
2 gousses d'ail, écrasées, hachées
4 oignons verts, finement tranchés
2 petites carottes, finement tranchées
250 ml (1 tasse) de champignons séchés,
trempés, tranchés
2 pousses de bambou, finement tranchées
1 poivron rouge, finement tranché
30 ml (2 c. à soupe) de ketchup
30 ml (2 c. à soupe) de sauce chili
50 ml (¹/4 tasse) de sucre
250 ml (1 tasse) de bouillon de poulet,
chaud
45 ml (3 c. à soupe) de vinaigre
2 tranches d'ananas, coupées en dés
30 ml (2 c. à soupe) d'eau
sel et poivre

Préchauffer une friteuse profonde à 190 °C (375 °F).

Mettre le porc dans un bol et ajouter 30 ml (2 c. à soupe) de sauce soya. Incorporer le vin et saupoudrer de gingembre. Ajouter le poivre et couvrir. Faire mariner 30 minutes au réfrigérateur.

Ajouter 15 ml (1 c. à soupe) de fécule de maïs à la marinade. Mélanger vigoureusement, retirer la viande et la faire égoutter.

Plonger le porc dans la friteuse 2 minutes. Mettre de côté.

Faire chauffer l'huile dans un wok. Ajouter l'ail, les oignons, les carottes et le reste des légumes. Faire cuire à feu vif 3 minutes.

Incorporer le ketchup, la sauce chili, le sucre et le bouillon de poulet. Amener à ébullition. Ajouter le vinaigre et les ananas ; mélanger et rectifier l'assaisonnement.

Délayer le reste de fécule de maïs dans l'eau ; incorporer au mélange. Ajouter le reste de sauce soya et faire bouillir 2 minutes.

Ajouter la viande, mélanger et faire mijoter 1 minute. Servir.

Goulash à la hongroise

pour 4 personnes

30 ml (2 c. à soupe) d'huile végétale
1 oignon espagnol, finement tranché
25 ml (1 ¹/2 c. à soupe) de paprika

1,4 kg (3 livres) de bifteck de palette,
coupé en cubes de 2,5 (1 po)
30 ml (2 c. à soupe) de farine
1 L (4 tasses) de bouillon de
bœuf, chaud
30 ml (2 c. à soupe) de pâte
de tomate
15 ml (1 c. à soupe) de persil, haché
sel et poivre

Préchauffer le four à 180 °C (350 °F).

Faire chauffer de l'huile dans une casserole allant au four. Ajouter les oignons et faire cuire 2 à 3 minutes.

Saupoudrer de paprika et continuer la cuisson 3 à 4 minutes.

Ajouter la viande et faire saisir à feu vif 5 à 6 minutes.

Ajouter la farine, mélanger et continuer la cuisson 3 minutes en remuant une fois pendant la cuisson.

Ajouter le bouillon de bœuf. Assaisonner au goût. Ajouter la purée de tomate ; bien mélanger. Couvrir et faire cuire au four 2 heures.

Saupoudrer de persil haché et servir avec des nouilles au beurre.

Feux d'artifice pendant la fête du Canada à Vancouver.

LE CANADA EN FÊTE

Le Canada a été l'hôte de plusieurs événements somptueux dont les plus spectaculaires ont été organisés pour la famille royale, les politiciens et les diplomates étrangers. Depuis toujours, les fêtes sont une occasion de se réjouir en famille et entre amis.

Même en dehors des fêtes traditionnelles comme Noël et Pâques, les Canadiens ont toujours aimé recevoir chez eux parce qu'il se dégage quelque chose de spécial de ces réunions intimes. Peut-être est-ce la franche camaraderie ou encore le plaisir de partager la bonne chère qui entretient un sens d'appartenance que même un repas dans un des restaurants les plus réputés ne peut remplacer.

Avec la diversité des cultures et la succession des saisons, les occasions de fêter ne manquent pas et les Canadiens vous recevront avec chaleur et enthousiame. L'hiver est tout désigné pour se réunir autour du foyer, savourer un délicieux Alaska polaire et siroter une bonne tasse de café canadien. Dès que la chaleur de l'été se fait sentir, des milliers de personnes fuient l'animation de la ville pour se rendre à leurs maisons de campagne. Les affaires se traitent dans la détente autour d'une salade rafraîchissante. Une savoureuse trempette aux avocats, fraîche et crémeuse, commence merveilleusement bien un souper.

Malgré tout, les activités de la ville valent le déplacement. Les cocktails autour de la piscine ou sur les terrasses des toits sont fréquents et idéaux pour servir des délices tels que des bouchées au pâté de foie et du punch au champagne.

Pour vous donner vraiment le goût de venir fêter au Canada, nous vous avons sélectionné des mets pour toutes les occasions. Juste un petit conseil : n'hésitez pas, tout comme les Canadiens, à accorder une grande importance aux fêtes et aux plats que vous servez.

Salade de macaroni

pour 6 personnes

2 ml (1/2 c. à thé) de sel
2 ml (1/2 c. à thé) de poivre blanc
5 ml (1 c. à thé) de moutarde sèche
30 ml (2 c. à soupe) de vinaigre
60 ml (4 c. à soupe) d'huile
175 ml (3/4 tasse) de mayonnaise
1L (4 tasses) de mararoni, cuits, chauds
4 œufs durs, hachés
125 ml (1/2 tasse) d'olives, noires,
dénoyautées
1/2 concombre, pelé, épépiné, finement
coupé en dés
1 cœur de céleri, finement coupé en dés
3 oignons verts, tranchés
50 ml (1/4 tasse) de piments forts, coupés en
dés

Dans un bol, mélanger le sel, le poivre, la moutarde sèche, le vinaigre et l'huile. Incorporer la mayonnaise.

Ajouter les macaroni chauds ; bien mélanger.

Incorporer le reste des ingrédients. Rectifier l'assaisonnement. Laisser refroidir et mettre au réfrigérateur 1 heure. Servir.

Crêpes au poulet au cari

pour 12 personnes

4 poitrines de poulet, désossées et sans peau
1 branche de céleri, coupée en dés
1 oignon, tranché
2 L (8 tasses) d'eau
30 ml (2 c. à soupe) de cari en poudre
sel et poivre

Mettre tous les ingrédients dans une grande casserole et amener à ébullition. Rectifier l'assaisonnement et faire cuire à feu doux 18 minutes.

Retirer le poulet et laisser refroidir.

Passer le liquide au tamis et en réserver 750 ml (3 tasses).

50 ml (1/4 tasse) de beurre
1 oignon, finement haché

250 g (1/2 livre) de champignons, frais,
lavés, coupés en dés
750 ml (3 tasses) de liquide de cuisson
(bouillon de poulet)
45 ml (3 c. à soupe) de farine
45 ml (3 c. à soupe) de cari
en poudre
125 ml (1/2 tasse) de crème légère
poulet cuit, coupé en dés
quelques gouttes de sauce Tabasco
sel et poivre
12 crêpes

Faire fondre le beurre dans une casserole. Ajouter l'oignon et les champignons. Assaisonner au goût ; couvrir et faire cuire 3 minutes.

Ajouter le cari et faire cuire à feu doux 4 à 5 minutes. Incorporer la farine et faire cuire 2 minutes.

Ajouter le liquide de cuisson, mélanger et faire cuire à feu doux 8 à 10 minutes. Ajouter le poulet, la crème et la sauce Tabasco. Rectifier l'assaisonnement ; laisser mijoter 2 minutes.

Déposer une petite quantité du mélange sur chaque crêpe, rouler et dresser sur un plat de service. Napper avec le reste de sauce. Servir.

Canapés aux tomates naines et aux œufs

pour 6 à 8 personnes

12 tranches de pain blanc, grillé
50 ml (¹/4 tasse) de mayonnaise
12 tomates naines, coupées en deux
15 ml (1 c. à soupe) d'huile d'olive
4 œufs durs, tranchés
quelques gouttes de sauce Worcestershire
jus de ¹/2 citron
sel et poivre

Découper 24 rondelles de 4 cm (1 ¹/2 po) de diamètre dans les tranches de pain grillé. Étendre la mayonnaise sur chaque rondelle.

Mettre les tomates dans un bol. Saler et poivrer. Ajouter le jus de citron et la sauce Worcestershire. Ajouter l'huile et laisser mariner 15 minutes.

Placer une tranche d'œuf sur chaque rondelle de pain et recouvrir d'une demi-tomate naine. Servir froid.

Têtes de champignons farcies

pour 10 à 12 personnes

36 têtes de gros champignons, nettoyées
30 ml (2 c. à soupe) de beurre
1 oignon, finement haché
2 gousses d'ail, écrasées, hachées
5 tomates, pelées, épépinées, hachées
5 ml (1 c. à thé) de sucre
45 ml (3 c. à soupe) de pâte de tomate
45 ml (3 c. à soupe) de fromage parmesan
sel et poivre

Préchauffer le four à 220 °C (425 °F).

Placer les champignons, le côté creux vers le haut, dans un plat. Faire cuire au four 8 minutes. Égoutter et mettre de côté.

Faire fondre le beurre dans une casserole. Ajouter les oignons ; faire cuire 2 minutes. Ajouter l'ail, les tomates et le sucre ; bien assaisonner et faire cuire 6 à 7 minutes.

Ajouter la pâte de tomate ; bien mélanger et faire cuire 3 minutes.

Farcir les têtes de champignons. Saupoudrer de fromage et mettre au four à gril (broil) 3 minutes. Servir.

Crêpes au jambon et aux champignons

pour 12 personnes

50 ml (¹/4 tasse) de beurre
250 g (¹/2 livre) de champignons, frais,
lavés et finement tranchés
2 échalotes, sèches
50 ml (¹/4 tasse) de farine
1 L (4 tasses) de lait
1 ml (¹/4 c. à thé) de muscade
175 ml (³/4 tasse) de fromage parmesan
12 minces tranches de jambon
de Virginie, cuit
12 crêpes
30 ml (2 c. à soupe) de persil, haché
sel et poivre

Préchauffer le four à 200 °C (400 °F).

Faire fondre le beurre dans une casserole. Ajouter les champignons et les échalotes ; faire cuire 5 minutes. Assaisonner au goût. Ajouter la farine ; bien mélanger. Incorporer le lait et la muscade ; mélanger au fouet. Faire cuire à feu doux 10 à 12 minutes.

Déposer une crêpe sur une surface de travail. Recouvrir d'une tranche de jambon. Ajouter 15 ml (1 c. à soupe) de sauce. Saupoudrer de fromage et plier en quatre. Répéter avec les autres crêpes.

Disposer les crêpes dans un plat bien beurré allant au four ; couvrir de sauce et saupoudrer de fromage et de persil. Faire cuire au four 12 minutes. Servir.

Pâte à crêpes
(20 crêpes)

250 ml (1 tasse) de farine
1 ml (^{1}/$_4$ c. à thé) de sel
3 gros œufs
300 ml (1 ^{1}/$_4$ tasse) de lait
30 ml (2 c. à soupe) de beurre fondu

Tamiser la farine et le sel dans un bol. Ajouter les œufs et la moitié du lait ; bien battre avec un fouet. Ajouter le reste du lait et le beurre fondu ; mélanger.

Passer la pâte dans un tamis. Couvrir d'un papier ciré et mettre au réfrigérateur 1 heure.

Beurrer légèrement une poêle à crêpe et la faire chauffer. Verser suffisamment de pâte pour couvrir le fond, incliner la poêle et enlever le surplus de pâte. Faire cuire d'un côté 1 ^{1}/$_2$ minute. Retourner la crêpe et continuer la cuisson 1 minute. Retirer et mettre de côté.

Répéter avec le reste de pâte.

Salade de poulet

pour 8 à 10 personnes

6 poitrines de poulet, entières, désossées,
sans peau, coupées en deux
2 branches de céleri, coupées en dés
1,5 L (6 tasses) de bouillon de poulet, clair
sel et poivre

Mettre le poulet dans une casserole. Ajouter le céleri et le bouillon de poulet. Saler et poivrer ; amener à ébullition. Faire cuire à feu doux 20 minutes.

Retirer les poitrines de poulet de la casserole, laisser refroidir et couper en dés. Mettre de côté.

5 ml (1 c. à thé) de gingembre, confit
30 ml (2 c. à soupe) de porto
45 ml (3 c. à soupe) de moutarde de Dijon
3 jaunes d'œufs
15 ml (1 c. à soupe) de sauce soya
15 ml (1 c. à soupe) de vinaigre
375 ml (1 ^{1}/$_2$ tasse) d'huile d'olive
125 ml (^{1}/$_2$ tasse) d'oignons verts, hachés
250 ml (1 tasse) de châtaignes d'eau,
finement tranchées
125 ml (^{1}/$_2$ tasse) d'amandes, effilées

500 ml (2 tasses) de cosses de pois, cuites
quatre minutes dans de l'eau bouillante
jus de 2 citrons

Dans un bol, mélanger le gingembre, le porto, la moutarde et les jaunes d'œufs. Bien saler et poivrer.

Ajouter la sauce soya, le vinaigre et le jus de citron ; bien mélanger.

Ajouter l'huile, en mince filet, en mélangeant constamment avec un fouet.

Ajouter les oignons verts, les châtaignes d'eau, les cosses de pois et le poulet coupé en dés. Bien mélanger.

Servir sur un lit de laitue.

Bouchées au pâté de foie

Gélatine :
^{1}/$_2$ enveloppe de gélatine
1 boîte de consommé de bœuf
15 ml (1 c. à soupe) de brandy

Dans une casserole, saupoudrer la gélatine sur 50 ml (^{1}/$_4$ tasse) de consommé de bœuf. Laisser reposer 3 minutes. Remuer le mélange à feu doux jusqu'à dissolution de la gélatine.

Verser le reste du consommé et le brandy dans la casserole et amener à ébullition. Retirer du feu et laisser refroidir.

125 ml (^{1}/$_2$ tasse) de pâté de foie
30 ml (2 c. à soupe) de beurre
50 ml (^{1}/$_4$ tasse) de crème à 35 %,
légèrement battue
15 ml (1 c. à soupe) de cognac
250 ml (1 tasse) de gélatine préparée
sel et poivre
18 à 20 petites bouchées

Mettre le pâté et le beurre dans le mixer. Saler et poivrer. Bien mélanger 30 secondes.

Ajouter le cognac ; mélanger. Incorporer la moitié de la crème, mélanger et ajouter le reste de crème. Bien mélanger.

Mettre le mélange dans un sac à pâtisserie muni d'une douille étoilée.

Glacer les bouchées avec la gélatine. Mettre au réfrigérateur 30 minutes. Servir.

Ailes de poulet

pour 8 à 10 personnes

36 ailes de poulet, lavées, asséchées
125 ml (¹/₂ tasse) de sirop d'érable
2 gousses d'ail, écrasées, hachées
1 ml (¹/₄ c. à thé) de chili en poudre
125 ml (¹/₂ tasse) de bière
30 ml (2 c. à soupe) d'huile d'olive
jus de 1 ¹/₂ citron
sel et poivre

Préchauffer le four à 200 °C (400 °F).

Mettre les ailes de poulet dans une grande casserole. Bien saler et poivrer.

Mélanger le reste des ingrédients dans un grand bol. Verser le mélange sur les ailes de poulet et laisser mariner 30 minutes.

Retirer les ailes de poulet et les déposer dans un plat à rôtir allant au four. Faire cuire au four 20 minutes à gril (broil) en retournant et en arrosant souvent les ailes pendant la cuisson. Servir.

Tartelettes au fromage

4 œufs, battus
500 ml (2 tasses) de crème à 35 %
15 ml (1 c. à soupe) de fécule de maïs
30 ml (2 c. à soupe) d'eau
375 ml (1 ¹/₂ tasse) de fromage gruyère, râpé
15 ml (1 c. à soupe) de persil, haché
18 à 24 tartelettes, selon la grosseur
paprika
sel et poivre

Préchauffer le four à 190 °C (375 °F).

Mélanger les œufs et la crème dans un bol.

Délayer la fécule de maïs dans l'eau. Incorporer au mélange d'œufs. Ajouter la moitié du fromage. Assaisonner de poivre et de paprika.

Piquer le fond des tartelettes avec une fourchette. Remplir avec le mélange de fromage. Saupoudrer avec le reste de fromage et le persil.

Faire cuire au four 16 à 18 minutes. Servir.

Crevettes à la Teriyaki

pour 6 personnes

900 g (2 livres) de crevettes, décortiquées,
nettoyées
125 ml (¹/2 tasse) de sauce teriyaki
175 ml (³/4 tasse) d'huile d'olive
2 gousses d'ail, écrasées, hachées
50 ml (¹/4 tasse) de porto
5 ml (1 c. à thé) de gingembre, frais, haché
1 ml (¹/4 c. à thé) de thym
15 ml (1 c. à soupe) de persil, haché
30 ml (2 c. à soupe) d'huile d'arachide
jus de 1 citron
quelques gouttes de sauce Tabasco

Placer les crevettes dans un plat à rôtir. Mettre de côté.

Dans un grand bol, mélanger la sauce teriyaki, l'huile d'olive, le jus de citron, l'ail, le porto, le gingembre, le thym et le persil. Arroser de sauce Tabasco.

Verser le mélange sur les crevettes et laisser mariner 1 heure.

Faire chauffer la moitié de l'huile d'arachide dans une poêle à frire. Lorsque l'huile est chaude, ajouter la moitié des crevettes et faire cuire à feu vif 2 minutes de chaque côté. Répéter avec le reste des crevettes.

Servir.

Fondue au chocolat

45 ml (3 c. à soupe) de miel
175 ml (³/4 tasse) de crème légère
255 g (9 onces) de chocolat au lait, coupé
en morceaux
50 ml (¹/4 tasse) d'amandes, effilées
30 ml (2 c. à soupe) de Cointreau
fraises

Faire chauffer le miel et la crème dans un plat à fondue. Ajouter le chocolat et continuer la cuisson en remuant constamment jusqu'à ce que le chocolat soit fondu.

Incorporer les amandes et le Cointreau ; faire cuire quelques minutes.

Tremper les fraises dans la fondue au chocolat.

Rondelles de poivrons verts

pour 8 à 10 personnes

4 petits poivrons verts
30 ml (2 c. à soupe) de beurre
250 g (¹/2 livre) de champignons, frais,
lavés, hachés
1 boîte de fromage en crème de 250 g
(huit onces)
125 g (¹/4 livre) de fromage roquefort
45 ml (3 c. à soupe) de piments forts, hachés
45 ml (3 c. à soupe) de pistaches, hachées
sauce Tabasco
sel et poivre

Découper les calottes des poivrons et les évider. Mettre dans une casserole contenant 1 L (4 tasses) d'eau bouillante salée ; faire cuire 3 minutes.

Bien égoutter. Assécher l'intérieur. Mettre de côté.

Faire fondre le beurre dans une casserole. Ajouter les champignons ; couvrir et faire cuire 3 à 4 minutes. Retirer les champignons et les mettre dans le mixer ; réduire en purée et bien égoutter pour enlever tout le jus.

Remettre les champignons dans le mixer. Ajouter le reste des ingrédients. Bien mélanger. Mettre au réfrigérateur 15 minutes.

Farcir les poivrons avec le mélange aux champignons et envelopper dans du papier d'aluminium. Mettre au réfrigérateur 3 heures.

Couper les poivrons en tranches de 1,5 cm (¹/2 po). Servir sur un lit de laitue. Saupoudrer de paprika.

Sandwiches aux crevettes

pour 6 personnes

10 tranches de pain blanc, grillé, sans croûte
500 g (1 livre) de petites crevettes, cuites, finement hachées
60 ml (4 c. à soupe) de mayonnaise
15 ml (1 c. à soupe) de persil, haché
2 ml (¹/₂ c. à thé) de cari en poudre
1 petite boîte de caviar rouge
tranches de citron pour garnir
beurre mou
sel et poivre

Beurrer le pain.

Mélanger les crevettes, la mayonnaise, le persil et le cari. Bien assaisonner.

Étendre le mélange sur les tranches de pain. Déposer 2 ml (¹/₂ c. à thé) de caviar au centre de chacune des tranches. Garnir de tranches de citron et de persil haché.

Servir.

Pâte à bouchées

250 ml (1 tasse) d'eau
60 ml (4 c. à soupe) de beurre
1 ml (¹/₄ c. à thé) de sel
250 ml (1 tasse) de farine
5 œufs

Verser l'eau dans une casserole. Ajouter le beurre et saler ; amener à ébullition et faire cuire 2 minutes pour faire entièrement fondre le beurre.

Retirer la casserole du feu. Ajouter la farine et battre vigoureusement 5 secondes. Remettre la casserole sur le feu et continuer à battre le mélange à feu doux, jusqu'à l'obtention d'une pâte lisse qui se détache des côtés de la casserole.

Laisser refroidir le mélange 3 minutes, puis le mettre dans un robot culinaire. Ajouter les œufs, un par un, en battant la pâte à vitesse moyenne jusqu'à ce qu'elle forme une boule.

Préchauffer le four à 200 °C (400 °F).

Mettre la pâte dans un sac à pâtisserie muni d'une douille régulière. Laisser tomber la pâte sur une plaque à biscuits humide.

Aplatir chaque bouchée avec une fourchette trempée dans l'œuf battu. Faire reposer les bouchées à la température de la pièce 20 minutes.

Faire cuire au four 10 minutes à 200 °C (400 °F). Augmenter la température du four à 220 °C (425 °F) et continuer la cuisson 10 à 15 minutes, selon la grosseur.

Lorsque la cuisson est terminée, ouvrir la porte du four de 8 cm (3 po) et laisser reposer les bouchées 25 minutes.

Retirer du four, découper et garnir d'un mélange de votre choix.

Cocktail de boulettes de viande

pour 6 à 8 personnes

60 ml (4 c. à soupe) de beurre fondu
¹/₂ oignon, petit, finement écrasé
1 gousse d'ail, écrasée, hachée
50 ml (¹/₄ tasse) de biscuits soda, émiettés
375 g (³/₄ livre) de bœuf haché, maigre
375 g (³/₄ livre) de porc haché, maigre
1 œuf
15 ml (1 c. à soupe) de pâte de tomate
1 ml (¹/₄ c. à thé) de sauce Worcestershire
sel et poivre

Faire chauffer 15 ml (1 c. à soupe) de beurre dans une casserole. Ajouter l'oignon et l'ail ; faire cuire 3 minutes.

Mettre les oignons dans un bol à mélanger. Ajouter les biscuits soda émiettés, la viande, l'œuf, la pâte de tomate et la sauce Worcestershire ; bien mélanger. Saler et poivrer.

Façonner en petites boules. Bien assaisonner.

Faire fondre le reste de beurre dans une poêle à frire. Ajouter la moitié des boulettes de viande et faire cuire 2 minutes de chaque côté.

Faire cuire le reste des boulettes de viande.

Servir avec une sauce tomate épicée.

Vol-au-vent à la dinde

pour 12 personnes

60 ml (4 c. à soupe) de beurre
4 oignons verts, finement hachés
900 g (2 livres) de champignons frais, lavés, coupés en deux
2 poivrons verts, coupés en dés
2 poivrons rouges, coupés en dés

1,5 L (6 tasses) de dinde cuite,
coupée en dés
1,2 L (5 tasses) de sauce blanche, chaude
12 vol-au-vent, chauds
30 ml (2 c. à soupe) de persil, haché
jus de 1 citron
sel, poivre, paprika

Faire fondre le beurre dans une grande casserole. Ajouter les oignons verts et faire cuire 2 minutes.

Ajouter les champignons et le jus de citron. Bien assaisonner et faire cuire 2 minutes.

Ajouter les poivrons ; couvrir et faire cuire 4 minutes.

Ajouter la dinde coupée en dés et la sauce blanche. Bien assaisonner et faire cuire à feu très doux 3 minutes.

Remplir les vol-au-vent. Parsemer de persil. Servir.

Fondue au fromage

1 gousse d'ail, pelée, coupée en deux
500 ml (2 tasses) de vin blanc, Neuchâtel,
Chablis, etc.
250 g (1/2 livre) de fromage gruyère, coupé
en petits morceaux
250 g (1/2 livre) de fromage emmenthal,
coupé en petits morceaux
45 ml (3 c. à soupe) de kirsch
30 ml (2 c. à soupe) de fécule de maïs
poivre du moulin
quelques gouttes de sauce Tabasco
pain français coupé en cubes de 2,5 cm
(1 po)

Frotter l'intérieur du plat à fondue avec l'ail, puis jeter l'ail.

Verser le vin dans le plat à fondue et amener à ébullition. Ajouter la moitié du fromage ; mélanger et faire cuire 2 minutes.

Ajouter le reste de fromage et bien assaisonner de poivre et de sauce Tabasco. Remuer et continuer la cuisson.

Délayer la fécule de maïs dans le kirsch et incorporer au fromage. Continuer la cuisson jusqu'à ce que le fromage soit entièrement fondu.

Servir avec du pain français.

Cerises jubilé

pour 4 personnes

30 ml (2 c. à soupe) de sucre
2 oranges, le jus seulement
1/2 citron, le jus seulement
2 boîtes de cerises Bing, dénoyautées
5 ml (1 c. à thé) de fécule de maïs
30 ml (2 c. à soupe) d'eau froide
45 ml (3 c. à soupe) de kirsch ou d'une
autre liqueur
crème glacée à la vanille

Mettre le sucre, le jus d'orange et le jus de citron dans une casserole. Amener à ébullition et faire cuire à feu moyen 3 minutes.

Ajouter 375 ml (1 1/2 tasse) de jus des cerises en boîte ; mélanger et faire cuire 2 minutes.

Délayer la fécule de maïs dans l'eau froide et incorporer à la sauce. Ajouter les cerises ; mélanger et faire cuire 1 minute.

Ajouter le kirsch et flamber. Verser sur la crème glacée. Servir rapidement.

Alaska polaire

pour 4 à 6 personnes

24 doigts de dame
500 g (1 livre) de crème glacée
à la vanille
6 blancs d'œufs
375 ml (1 ¹/₂ tasse) de
sucre granulé
50 ml (¹/₄ tasse) de rhum
cerises pour garnir

Déposer 6 doigts de dame sur un plat de service allant au four. Couvrir de crème glacée. Puis, couvrir la crème glacée avec les autres doigts de dame. Placer au congélateur.

Mettre les œufs et le sucre dans un bain-marie à feu moyen. Battre les ingrédients avec un fouet électrique jusqu'à ce que le mélange soit bien ferme.

Sortir la crème glacée du congélateur et la couvrir de meringue. Mettre le reste de meringue dans un sac à pâtisserie muni d'une douille étoilée et décorer l'Alaska polaire.

Faire chauffer le rhum et verser sur l'Alaska polaire. Flamber. Garnir de cerises. Servir.

Punch au champagne

1 bouteille de champagne
50 ml (¹/₄ tasse) de Cointreau
125 ml (¹/₂ tasse) de brandy
50 ml (¹/₄ tasse) de sucre granulé
750 ml (3 tasses) d'eau de Seltz, froide
quelques tranches de citron
ou d'orange
quelques feuilles de menthe
cubes de glace

Mettre les cubes de glace dans un grand bol à punch. Ajouter le reste des ingrédients. Mélanger et servir.

Punch au rhum

550 ml (2 ¹/₄ tasses) de rhum brun
175 ml (³/₄ tasse) de brandy
50 ml (¹/₄ tasse) de Triple-sec
125 ml (¹/₂ tasse) de jus de citron

500 ml (2 tasses) de jus d'orange
500 ml (2 tasses) de thé froid
50 ml (1/4 tasse) de sucre granulé
1 tranche d'orange pour garnir
cubes de glace

Mettre les cubes de glace dans un grand bol à punch. Ajouter le reste des ingrédients. Mélanger et garnir de tranches d'orange.

Servir

Canapés aux palourdes et aux épinards

pour 6 à 8 personnes

30 ml (2 c. à soupe) de beurre
250 ml (1 tasse) d'épinards,
cuits, hachés
1 petite boîte de palourdes, égouttées,
hachées
125 ml (1/2 tasse) de sauce
blanche, épaisse
45 ml (3 c. à soupe) de fromage
parmesan, râpé
12 tranches de pain blanc, grillé
sauce Tabasco
sel et poivre

Préchauffer le four à 200 °C (400 °F).

Couper 24 rondelles de 4 cm (1 1/2 po) de diamètre dans les tranches de pain. Mettre de côté.

Faire fondre le beurre dans une casserole. Ajouter les épinards et les palourdes. Saler et poivrer ; faire cuire 2 minutes.

Incorporer la sauce blanche et 15 ml (1 c. à soupe) de fromage râpé. Mélanger et faire cuire 1 minute. Arroser de quelques gouttes de sauce Tabasco.

Étendre le mélange sur le pain. Saupoudrer de fromage.

Mettre au four à gril (broil) 2 à 3 minutes. Servir.

Trempette aux avocats

2 avocats moyens, mûrs, pelés,
réduits en purée
2 tomates, mûres, pelées,
finement hachées

1 oignon, haché, cuit 3 minutes dans de
l'eau bouillante
1 gousse d'ail, écrasée, hachée
1/2 piment fort, vert, finement haché
jus de 1 citron
sel et poivre

Mélanger tous les ingrédients dans un bol. Rectifier l'assaisonnement.

Servir avec des craquelins ou du pain français grillé.

Café canadien

pour 4 personnes

160 ml (6 onces) de whisky canadien
4 grands verres
café fort, chaud
citron
sucre
crème fouettée

Frotter le bord des verres avec le citron et givrer de sucre. Faire chauffer le verre et verser 40 ml (1 1/2 once) de whisky.

Remplir les verres de café chaud à 2,5 cm (1 po) du bord. Recouvrir de crème fouettée. Ne pas remuer. Servir.

Vastes et fabuleux paysages à Vancouver.

LA CUISINE EN PLEIN-AIR

Eh oui, la vie au grand air rappelle certainement des souvenirs à bien des gens et tout particulièrement la merveilleuse cuisine en plein air. Chaque année, avec l'été, reviennent les activités et le goût d'une cuisine plus près de la nature. Les Canadiens ont une très grande variété de recettes de cuisine en plein air ; en trichant un peu, certaines d'entre elles, avec quelques légères modifications, pourront se préparer au four.

Il n'y a rien comme une belle fin de semaine en plein air pour changer les idées et revigorer l'esprit. Un robuste sac à dos sur les épaules, accompagnez les Canadiens de toutes les provinces dans leurs randonnées pédestres à travers bois et champs. Ils vous feront profiter du plaisir d'apprêter les mets sur un feu de camp et de se détendre avec des parents ou des amis.

À part la viande et le poulet cuits sur charbon de bois que la plupart des Canadiens chérissent, ils vous serviront aussi du poisson pour donner un petit air de fête aux réunions du samedi après-midi. Déguster une délicieuse truite grillée leur rappellera probablement une excursion de pêche avec un ami et vous serez ravis de les entendre relater de tels souvenirs...

Assis côte à côte en silence, ils avaient pêché jusqu'à ce que le coucher du soleil leur annonce l'heure du souper et le début d'un grand festin. Ou peut-être se rappelleront-ils les heures romantiques passées à pique-niquer en tête à tête, à savourer des mets simples accompagnés d'une bonne bouteille de vin, dans un décor féerique.

Il est vrai que la vie au grand air rappelle des souvenirs mémorables à partager avec d'autres. Rappelez-vous ces agréables moments que vous passerez à savourer la meilleure cuisine de plein air du Canada. Que de souvenirs vous aurez à raconter à votre retour !

Descente de la rivière Thompson en canot pneumatique.

Côtelettes de porc B.B.Q., sauce à l'orange

pour 4 personnes

50 ml (¹/4 tasse) de cassonade
125 ml (¹/2 tasse) d'eau
2 feuilles de menthe
4 côtelettes de porc, le gras taillardé en diagonale pour éviter qu'elles ne se recroquevillent
le jus de 1 ¹/2 orange
poivre du moulin

Mettre le jus d'orange, la cassonade, l'eau, les feuilles de menthe et le poivre dans une casserole. Amener à ébullition et faire cuire à feu vif 3 à 4 minutes.

Laisser refroidir le liquide. Badigeonner généreusement les côtes de porc avec la sauce. Faire cuire sur charbon de bois 8 à 10 minutes, selon la grosseur. Retourner 3 fois pendant la cuisson et arroser 4 fois avec la sauce.

Servir avec une salade verte et des pommes de terre cuites dans du papier d'aluminium.

Steaks de venaison

pour 4 personnes

60 ml (4 c. à soupe) de beurre
30 ml (2 c. à soupe) de porto
30 ml (2 c. à soupe) de gelée de groseilles
4 steaks de venaison, pris dans le gigot
sel et poivre

Dans un bol, mélanger le beurre, le vin et la gelée. Bien assaisonner et mélanger.

Badigeonner les steaks avec le mélange. Faire cuire sur le grill, 7 à 8 minutes, selon l'épaisseur. Arroser souvent pendant la cuisson.

Servir avec des brocolis cuits à la vapeur et des pommes de terre sautées.

Salade verte, vinaigrette à la moutarde

pour 4 personnes

Vinaigrette à la moutarde :
15 ml (1 c. à soupe) de moutarde de Dijon
60 ml (4 c. à soupe) de vinaigre de vin

175 ml (³/4 tasse) d'huile
quelques gouttes de jus de citron
sel et poivre

Dans un petit bol, mélanger la moutarde, le vinaigre, le sel et le poivre. Ajouter l'huile, en un mince filet, en mélangeant constamment avec un fouet. Arroser de jus de citron. Assaisonner au goût. Mettre de côté.

Salade :

1 laitue chicorée, lavée, asséchée
1 laitue romaine, lavée, asséchée
¹/2 poivron rouge, finement tranché
175 ml (³/4 tasse) de vinaigrette à la moutarde
quelques rondelles d'oignon rouge
quelques gouttes de jus de citron
sel et poivre

Mettre la laitue et les poivrons rouges dans un grand bol à salade. Assaisonner au goût.

Ajouter la vinaigrette ; bien mélanger.

Arroser de jus de citron.

Décorer de rondelles d'oignon. Servir.

Filets de porc au barbecue

pour 4 personnes

45 ml (3 c. à soupe) d'huile
2 gousses d'ail, écrasées, hachées
15 ml (1 c. à soupe) de sauce soya
45 ml (3 c. à soupe) de sauce chili
5 ml (1 c. à thé) de moutarde préparée
2 filets de porc, sans peau ni gras,
coupés en deux
jus de 1/4 de citron
sel et poivre

Dans un bol, mélanger l'huile, l'ail, la sauce soya, la sauce chili, la moutarde et le jus de citron. Poivrer ; bien mélanger.

Badigeonner les filets de porc avec le mélange. Faire cuire sur le gril 18 minutes. Retourner les filets de porc 2 à 3 fois pendant la cuisson et arroser de temps en temps.

Servir avec des pommes de terre au four.

Hamburgers au chili

pour 4 personnes

900 g (2 livres) de bœuf haché, maigre
250 ml (1 tasse) de sauce chili
2 ml (1/2 c. à thé) d'ail, réduit en purée
1 ml (1/4 c. à thé) de secre
15 ml (1 c. à soupe) de persil, haché
5 ml (1 c. à thé) de raifort
quelques gouttes de sauce Tabasco
un peu de chili en poudre
sel et poivre
petits pains

Mettre la viande dans un bol et ajouter 50 ml (1/2 tasse) de sauce chili. Arroser de sauce Tabasco et mélanger jusqu'à ce que la viande soit bien enrobée.

Façonner des petits pâtés de viande et déposer dans un plat. Couvrir de papier ciré et mettre au réfrigérateur 15 minutes.

Mettre le reste de sauce chili dans une casserole. Ajouter l'ail, le sucre, le persil, le raifort et le chili en poudre.

Bien mélanger et amener à ébullition. Réduire le feu à doux et faire cuire 4 minutes.

Déposer les pâtés sur le gril et badigeonner généreusement avec la sauce. Faire cuire 3 minutes de chaque côté, selon la grosseur. Arroser souvent pendant la cuisson.

Servir sur des petits pains avec des tranches de tomate. Garnir avec le reste de la sauce.

Sauce barbecue aigre-douce

15 ml (1 c. à soupe) de beurre fondu
1 oignon, pelé, haché
2 gousses d'ail, réduites en purée
30 ml (2 c. à soupe) de vinaigre de vin
125 ml (1/2 tasse) de vin blanc, sec
250 ml (1 tasse) d'ananas, écrasé
30 ml (2 c. à soupe) de cassonade
30 ml (2 c. à soupe) de piments forts
quelques gouttes de sauce Tabasco
quelques gouttes de jus de citron
sel et poivre

Faire chauffer le beurre dans une casserole ; ajouter l'oignon et l'ail. Couvrir et faire cuire 2 minutes.

Ajouter le vinaigre et le vin ; faire cuire, sans couvercle, 3 à 4 minutes, jusqu'à ce que le vin soit réduit de moitié.

Ajouter le reste des ingrédients, couvrir et faire cuire à feu doux 8 minutes.

Ailes de poulet B.B.Q., savoureuses

pour 4 personnes

24 ailes de poulet
45 ml (3 c. à soupe) de vinaigre de vin
75 ml (5 c. à soupe) de sirop d'érable
45 ml (3 c. à soupe) d'huile
15 ml (1 c. à soupe) de moutarde préparée
5 ml (1 c. à thé) de sauce soya
3 gousses d'ail, écrasées, hachées
jus de 1/2 citron
sel et poivre

Mettre tous les ingrédients, sauf le poulet, dans un bol. Bien mélanger et assaisonner.

Ajouter le poulet et laisser mariner 35 minutes.

Déposer les ailes de poulet sur le gril à 18 cm (7 po) du charbon de bois. Faire cuire 16 à 18 minutes, en arrosant souvent. Retourner les ailes 3 à 4 fois pendant la cuisson. Servir avec du riz et des légumes.

Hamburgers au fromage de luxe, à l'italienne

900 g (2 livres) de bœuf haché, maigre
50 ml (1/4 tasse) de sauce chili
1 oignon, pelé, haché, cuit
1 gousse d'ail, écrasée, hachée
50 ml (1/4 tasse) de fromage parmesan, râpé
30 ml (2 c. à soupe) d'huile
tranches de tomate
tranches de mozzarella
pains à hamburger

Mettre la viande dans un bol et ajouter la sauce chili, l'oignon et l'ail. Bien mélanger, puis ajouter le fromage parmesan. Mélanger et façonner en petits pâtés.

Badigeonner les pâtés avec l'huile. Faire cuire sur le barbecue 3 à 4 minutes de chaque côté, selon la grosseur.

Deux minutes avant la fin de la cuisson, ajouter les tranches de tomate ; recouvrir de mozzarella.

Servir sur des pains à hamburger.

Steaks au poivre au brandy

pour 4 personnes

45 ml (3 c. à soupe) de beurre, fondu
5 ml (1 c. à thé) de brandy
1 ml (1/4 c. à thé) de basilic
1/2 gousse d'ail, écrasée, hachée
30 ml (2 c. à soupe) de poivre noir, en grains
4 steaks coupe New York de 3 cm (1 1/4 po) d'épaisseur
4 tomates, coupées en deux

Mettre le beurre, le brandy, le basilic et l'ail dans un bol. Bien mélanger.

Avec un rouleau à pâtisserie, écraser grossièrement les grains de poivre. Couvrir les deux côtés des steaks de poivre.

Badigeonner généreusement les steaks avec la sauce ; laisser reposer 15 minutes.

Faire cuire sur le gril 4 minutes de chaque côté en arrosant 2 à 3 fois pendant la cuisson. Faire cuire les tomates sur le gril, 2 minutes de chaque côté. Servir.

Steaks Porterhouse sur charbon de bois

pour 2 personnes

45 ml (3 c. à soupe) de beurre, fondu
2 gousses d'ail, écrasées, hachées
15 ml (1 c. à soupe) de sauce Worcestershire
2 steaks Porterhouse de 3,8 cm (1 1/2 po) d'épaisseur chacun
jus de 1 citron
poivre du moulin

Mélanger le beurre, l'ail, la sauce Worcestershire et le jus de citron dans un bol.

Taillader le pourtour des steaks pour ne pas qu'ils se recroquevillent. Faire cuire sur le gril 12 à 14 minutes pour une viande saignante.

Retourner la viande 2 à 3 fois et arroser de temps en temps. Bien assaisonner.

Servir avec une salade au roquefort et des pommes de terre.

Steaks London grillés, sauce au raifort

pour 4 personnes

Sauce :

45 ml (3 c. à soupe) de raifort préparé
250 ml (1 tasse) de crème sure
5 ml (1 c. à thé) de persil, haché
5 ml (1 c. à thé) de ciboulette, hachée
quelques gouttes de sauce Tabasco
quelques gouttes de sauce Worcestershire
poivre du moulin

Dans un petit bol ou dans un pot en verre, mélanger tous les ingrédients. Mettre au réfrigérateur 1 heure.

8 steaks London, préparés par le boucher
50 ml (¹/4 tasse) d'huile végétale
30 ml (2 c. à soupe) de cassonade
5 ml (1 c. à thé) de sauce soya
30 ml (2 c. à soupe) d'oignon râpé
jus de citron au goût
sel et poivre

Disposer la viande sur un plat de service. Bien mélanger tous les ingrédients qui restent et badigeonner la viande.

Faire cuire sur le gril 8 à 10 minutes, selon l'épaisseur. Retourner 3 fois pendant la cuisson et arroser de temps en temps.

Servir avec une sauce au raifort.

Les lacs Elfin dans le parc national de Garibaldi, Colombie-Britannique. Le parc Garibaldi est un site de camping et de randonnée connu non loin de Vancouver.

Brochettes de poulet

pour 4 personnes

15 ml (1 c. à soupe) de sauce soya
30 ml (2 c. à soupe) d'huile végétale
1 gousse d'ail, écrasée, hachée
1 poitrine de poulet, coupée en cubes
1 poivron vert, coupé en dés
1 poivron rouge, coupé en dés
8 tranches de bacon cuit,
coupées en deux
1/2 courgette, coupée en cubes
20 gros champignons, lavés
jus de citron au goût
sel et poivre

Dans un petit bol, mélanger la sauce soya, l'huile et l'ail. Mettre de côté.

Enfiler, en alternant, le reste des ingrédients sur les brochettes. Badigeonner avec la marinade et assaisonner.

Faire cuire sur le gril 10 à 12 minutes en tournant les brochettes 2 fois. Assaisonner et servir.

Brochettes d'agneau mariné

pour 4 personnes

750 g (1 1/2 livre) de gigot d'agneau,
désossé, coupé en cubes de 2,5 cm (1 po)
2 gousses d'ail, écrasées, hachées
2 ml (1/2 c. à thé) de romarin
500 ml (2 tasses) de vin blanc, sec
45 ml (3 c. à soupe) d'huile de noix
3 feuilles de menthe
5 tranches de bacon cuit, coupées en deux
1 gros oignon, rouge, en morceaux
1 gros poivron vert, coupé en cubes
de 2,5 cm (1po)
12 têtes de champignons
4 feuilles de laurier
sel et poivre du moulin

Mettre l'agneau dans un grand bol. Ajouter l'ail, le romarin, le vin, l'huile et les feuilles de menthe. Bien poivrer et laisser mariner 2 à 3 heures.

Retirer la viande de la marinade. Enfiler l'agneau et le bacon enroulé sur des brochettes en métal, en alternant avec les légumes.

Badigeonner d'huile et faire cuire sur le gril 8 minutes. Servir avec une salade César.

Steaks de venaison aux oignons marinés

pour 4 personnes

30 ml (2 c. à soupe) d'huile
3 oignons, pelés, très finement hachés
250 ml (1 tasse) d'huile de noix
4 steaks de venaison
sel et poivre

Faire chauffer 30 ml (2 c. à soupe) d'huile dans une sauteuse. Ajouter les oignons ; faire cuire 7 à 8 minutes.

Laisser refroidir et ajouter l'huile de noix. Assaisonner et bien mélanger.

Badigeonner les steaks avec le mélange. Faire cuire sur le gril 3 à 4 minutes de chaque côté, en arrosant de temps en temps. Servir.

Prairies alpines, mont Revelstoke, Colombie-Britannique.

Steaks grillés au charbon de bois

pour 4 personnes

*4 steaks coupe New-York de 250 g
(8 onces) chacun
15 ml (1 c. à soupe) de sauce soya
15 ml (1 c. à soupe) d'huile végétale
1 gousse d'ail, écrasée, hachée
quelques gouttes de sauce Tabasco
sel et poivre*

Enlever l'excès de gras.

Dans un petit bol, mélanger la sauce soya, l'huile, la sauce Tabasco, l'ail et le poivre. Badigeonner les steaks avec le mélange.

Déposer les steaks sur le gril et faire cuire 3 à 4 minutes de chaque côté. Badigeonner les steaks pendant la cuisson. Saler et poivrer.

Faire cuire 2 minutes de plus de chaque côté pour des steaks bien cuits.

Servir avec des pommes de terre au beurre et des asperges cuites à la vapeur.

Pommes de terre en papillotes

pour 4 personnes

*12 à 14 petites pommes de terre
30 ml (2 c. à soupe) de beurre
15 ml (1 c. à soupe) de ciboulette, hachée
sel*

Bien frotter les pommes de terre et les placer dans du papier d'aluminium. Saler et poivrer. Fermer hermétiquement.

Faire cuire sur le gril 40 à 50 minutes.

Trois à quatre minutes avant la fin de la cuisson, ajouter la ciboulette.

Servir avec du beurre.

Truite grillée au fenouil

pour 4 personnes

*4 brins de fenouil
4 truites, fraîches, lavées, assaisonnées
90 ml (6 c. à soupe) de beurre*

*4 tranches de citron
quelques gouttes de jus de citron
persil haché
sel et poivre*

Placer les brins de fenouil à l'intérieur des truites. Beurrer l'intérieur et l'extérieur des truites ; bien assaisonner. Ajouter le jus et les tranches de citron.

Déposer les truites dans du papier d'aluminium huilé ; fermer hermétiquement. Faire cuire sur le gril 25 à 30 minutes. Retourner une fois pendant la cuisson.

Cinq à six minutes avant la fin de la cuisson, arroser de jus de citron et parsemer de persil. Servir.

Poulet à l'ail et au miel

pour 4 personnes

*50 ml (¹/4 tasse) de beurre, fondu
90 ml (6 c. à soupe) de miel, clair
15 ml (1 c. à soupe) de moutarde
de Dijon
1 gousse d'ail, écrasée, hachée
1 poulet de 1,8 kg (4 livres), lavé,
coupé en 10 à 12 morceaux
quelques gouttes de sauce Tabasco
sel et poivre*

Dans une petite casserole, mélanger le beurre et le miel. Ajouter la moutarde, le jus de citron et l'ail. Bien mélanger ; assaisonner de sauce Tabasco, de sel et de poivre. Faire cuire 2 minutes.

Badigeonner les morceaux de poulet avec le mélange. Faire cuire sur le gril 20 à 25 minutes, selon la grosseur. Arroser souvent.

Servir avec une salade aux épinards et aux tomates.

Vivaneau sur le barbecue

pour 4 personnes

*4 vivaneaux de 250 g ($^1/_2$ livre) chacun,
préparés, avec la tête, les arêtes et la queue
enlevées
45 ml (3 c. à soupe) d'huile
jus de 1 $^1/_2$ citron
sel et poivre*

Bien rincer les vivaneaux et les assécher avec du papier essuie-tout.

Saler et poivrer. Pratiquer 4 légères incisions de chaque côté des vivaneaux.

Mélanger l'huile et le jus de citron dans un petit bol. Badigeonner les vivaneaux avec le mélange. Faire cuire sur le gril 8 à 10 minutes de chaque côté.

Badigeonner les vivaneaux pendant la cuisson.

Servir avec du beurre fondu et du persil haché.

Côtes courtes sur le barbecue

pour 4 personnes

*50 ml ($^1/_4$ tasse) de sauce soya
45 ml (3 c. à soupe) de sirop d'érable
30 ml (2 c. à soupe) d'huile végétale
30 ml (2 c. à soupe) de vinaigre de vin
15 ml (1 c. à soupe) de jus de citron
15 ml (1 c. à soupe) de gingembre, râpé
2 gousses d'ail, réduites en purée
4 côtes courtes de 2,5 cm (1 po) d'épaisseur
quelques gouttes de sauce Tabasco*

Dans un bol, mélanger tous les ingrédients, sauf les côtes. Ajouter les côtes et mettre au réfrigérateur 3 heures. Retourner les côtes pendant qu'elles marinent.

Retirer les côtes, les égoutter et faire cuire sur le gril 35 à 40 minutes. Arroser souvent pendant la cuisson. Servir.

Brochettes d'agneau

pour 4 personnes

*1 filet d'agneau de 800 g (1 $^3/_4$ livre)
30 ml (2 c. à soupe) d'huile
15 ml (1 c. à soupe) de sauce soya
1 oignon coupé en cubes de 5 cm (2 po)
1 poivron vert coupé en cubes de 5 cm (2 po)
$^1/_2$ poivron rouge, coupé en cubes de 5 cm (2 po)
8 tomates naines
8 têtes de champignons, frais
jus de 1 citron
sel et poivre*

Enlever le gras du filet. Couper la viande en cubes de 2,5 cm (1 po).

Dans un petit bol, mélanger le jus de citron, l'huile et la sauce soya. Ajouter la viande et laisser mariner 1 heure.

Enfiler, en alternant, les cubes de veau et les légumes sur des brochettes en métal. Réserver la marinade.

Badigeonner les brochettes d'agneau avec la marinade et faire cuire sur le gril 5 à 6 minutes de chaque côté. Badigeonner la viande pendant la cuisson.

Servir avec du riz.

Foie de veau aux bananes

pour 4 personnes

30 ml (2 c. à soupe) d'huile végétale
30 ml (2 c. à soupe) de sirop d'érable
5 ml (1 c. à thé) de sauce soya
4 tranches de foie de veau
2 bananes, non pelées
quelques gouttes de jus
de citron
sel et poivre

Dans un bol, mélanger l'huile, le sirop d'érable et la sauce soya. Assaisonner de poivre et de jus de citron.

Badigeonner le foie avec la sauce. Déposer le foie et les bananes entières sur le gril. Faire cuire 3 minutes de chaque côté, en arrosant de temps en temps. Bien assaisonner.

Lorsque le tout est cuit, peler les bananes, les couper en deux et les servir avec le foie. Garnir de salade verte.

Darnes de saumon grillées

pour 4 personnes

30 ml (2 c. à soupe) de beurre, fondu
5 ml (1 c. à thé) de sauce
Worcestershire
5 ml (1 c. à thé) d'estragon, frais, haché
5 ml (1 c. à thé) de fenouil, frais, haché
5 ml (1 c. à thé) d'huile de noix

4 darnes de saumon
jus de 1/2 citron
sel et poivre

Mélanger le beurre et la sauce Worcestershire dans un petit bol. Incorporer les épices, l'huile et le jus de citron.

Badigeonner les darnes de saumon avec le mélange ; faire cuire sur le gril 6 à 7 minutes de chaque côté, selon l'épaisseur. La chair devrait être ferme lorsqu'elle est cuite.

Servir avec des légumes.

Pommes surprise sur le barbecue

pour 4 personnes

4 pommes, évidées
30 ml (2 c. à soupe) de beurre
15 ml (1 c. à soupe) de cannelle
30 ml (2 c. à soupe) de sirop d'érable
quelques gouttes de jus de citron

Avec un couteau bien affilé, pratiquer des incisions autour des pommes. Placer les pommes sur une double feuille de papier d'aluminium.

Mettre un peu de beurre parmi les pommes et ajouter le reste des ingrédients. Fermer hermétiquement.

Placer sur le gril à 18 cm (7 po) du charbon de bois. Faire cuire 35 à 40 minutes. Retourner au besoin pour éviter que les pommes ne brûlent.

Servir avec de la crème fouettée.

Hamburger de luxe

pour 4 personnes

5 ml (1 c. à thé) de beurre
1 oignon, finement haché
625 g (1 ¼ livre) de bœuf haché, extra maigre
1 œuf
15 ml (1 c. à soupe) de persil, haché
15 ml (1 c. à soupe) d'huile
quelques gouttes de sauce Worcestershire
une pincée de muscade
sel et poivre

Faire fondre le beurre dans une petite casserole. Ajouter l'oignon et faire cuire à feu doux 2 minutes.

Mettre la viande dans un bol. Ajouter l'oignon cuit, l'œuf, la sauce Worcestershire, le persil, la muscade, le sel et le poivre. Bien mélanger 2 minutes.

Façonner 4 petits pâtés. Badigeonner avec de l'huile. Faire cuire sur le gril 5 à 6 minutes de chaque côté selon la grosseur des pâtés.

Servir sur des pains grillés avec une tranche de tomate et des rondelles d'oignon.

Ski dans les Bugaboos, Colombie-Britannique.

LES FÊTES D'HIVER

Pour ceux qui apprécient les collines enneigées et paisibles, les pins couverts de givre et les nuits d'hiver claires comme le cristal, les hivers canadiens sont tout désignés. Le Canada, réputé pour les merveilles de son hiver, vous offre de nombreuses activités hivernales dont celle de satisfaire les plus gros appétits.

Dès la première vraie chute de neige, les Canadiens s'isolent dans des chalets douillets ou des auberges pour poursuivre une tradition : déguster des mets fumants et sains. Tant à la ville qu'à la campagne, les cuisines des maisons laissent filtrer les douces odeurs des soupes et des ragoûts garnis de viande et de légumes. Des assiettes débordantes de spaghetti et de chili garnissent très souvent les tables. Sous son masque blanc, l'hiver fait vite oublier aux visiteurs qu'ils doivent compter les calories et permet de petits écarts à ceux qui ne peuvent résister aux plaisirs de la table.

Autrefois, l'arrivée de la neige était synonyme de jours paisibles. Après les durs labeurs de l'été, l'hiver permettait d'apprécier la bonne chère. De nos jours, le Canada poursuit cette tradition tout en essayant cependant d'y apporter un certain équilibre en offrant de multiples activités. Que ce soit en patin sur un étang à l'abri sous les arbres ou en faisant une balade en traîneau tiré par des chiens, tout le monde s'en donne à cœur joie, et vous profiterez au maximum des plaisirs de l'hiver.

Aux fêtes de Noël, la délicieuse dinde rôtie farcie aux pommes demeure une tradition, sans parler du traditionnel gâteau de Noël, du pudding anglais et de toute une variété de succulents biscuits qui sont toujours à portée de la main. Le soir, vous connaîtrez la joie de terminer la soirée entre amis autour des braises, en sirotant un délicieux café rehaussé d'un léger soupçon d'alcool.

Si vous n'avez pas encore eu la chance de connaître ces plaisirs de l'hiver, essayez les recettes de ce chapitre. Vous ne tarderez pas à venir cogner aux portes du Canada pour en connaître davantage...

Le château de glace au carnaval de Québec, ville de Québec.

Jambon braisé au Madère

pour 10 à 12 personnes

1 jambon de 3,6 à 4,5 kg (8 à 10 livres)
500 ml (2 tasses) de vin de Madère
50 ml (1/4 tasse) de cassonade
750 ml (3 tasses) de sauce brune, chaude

Préchauffer le four à 180 °C (350 °F).

Faire tremper le jambon dans de l'eau salée pendant 12 heures.

Faire cuire le jambon dans une grande casserole d'eau. Amener à ébullition et continuer la cuisson à feu doux 3 à 3 1/2 heures.

Ôter le jambon de la casserole. Retirer et jeter l'os. Enlever la peau et le gras.

Déposer le jambon dans un plat à rôtir allant au four et arroser de vin. Couvrir de papier d'aluminium et faire cuire au four 1 heure.

Retirer le plat du four. Dresser le jambon sur un plat de service allant au four. Saupoudrer de cassonade et mettre à gril (broil) jusqu'à ce que la cassonade soit fondue. Retirer du four et garder au chaud.

Placer le plat à rôtir sur le feu. Faire réduire le vin de la moitié. Ajouter la sauce brune, mélanger et faire cuire à feu doux 15 minutes.

Servir la sauce avec le jambon et les pommes de terre sucrées.

Poitrine de bœuf bouillie

pour 4 à 6 personnes

1,8 kg (4 livres) de poitrine de bœuf
1 brin de thym
2 clous de girofle
3 brins de persil
3 feuilles de laurier
1 navet, pelé, coupé en quatre
2 grosses carottes, pelées
4 oignons, pelés
4 poireaux, le blanc seulement, lavés, liés ensemble
1 petit chou, coupé en quatre
sel de mer et poivre du moulin

Mettre la viande dans une grosse casserole. Couvrir d'eau et amener à ébullition. Écumer et continuer à faire bouillir pendant 8 minutes. Écumer.

Ajouter le thym, les clous de girofle, le persil et les feuilles de laurier. Bien saler et poivrer. Couvrir partiellement et faire cuire à feu doux 2 1/2 heures.

Quarante minutes avant la fin de la cuisson, ajouter le navet. Dix minutes plus tard, ajouter les carottes, les oignons, les poireaux et le chou.

Lorsque la poitrine de bœuf est cuite, la découper et la dresser sur un plat de service. Mouiller avec le liquide de cuisson et garnir de légumes.

Servir avec des cornichons et de la moutarde

Note : Le liquide de cuisson peut servir de bouillon pour une soupe.

Pouding anglais

pour 12 à 16 personnes

375 ml (1 1/2 tasse) de raisins dorés, secs
227 g (8 onces) de groseilles
175 ml (6 onces) de rhum
142 g (5 onces) de graisse de rognon
500 ml (2 tasses) de farine à pâtisserie, tamisée
625 ml (2 1/2 tasses) de chapelure, blanche
250 ml (1 tasse) de sucre
2 ml (1/2 c. à thé) de sel
5 œufs
140 ml (5 onces) de lait
175 ml (3/4 tasse) de fruits confits, mélangés
5 ml (1 c. à thé) de cannelle
5 ml (1 c. à thé) de muscade
30 ml (2 c. à soupe) de cognac

Mettre les raisins et les groseilles dans un bol à mélanger. Ajouter le rhum et laisser mariner 2 heures.

Ajouter la graisse de rognon et bien mélanger. Incorporer la farine, la chapelure, le sucre et le sel. Bien mélanger.

Ajouter les œufs, en remuant après chaque addition. Incorporer le lait, les fruits confits et les épices. Bien mélanger.

Verser la pâte dans un moule beurré. Presser sur le pudding avec une spatule et arroser de cognac.

Couvrir de papier d'aluminium et déposer une assiette sur le pudding. Envelopper le moule dans une serviette. Bien attacher en nouant la serviette sur le dessus du moule.

Placer le moule dans une casserole contenant 1,2 à 1,5 L (5 à 6 tasses) d'eau. Couvrir et amener à ébullition.

Continuer la cuisson à feu doux 6 heures.

Servir avec une crème anglaise.

Poules de Cornouailles, à la jardinière

---

pour 4 personnes

---

4 poules de Cornouailles
30 ml (2 c. à soupe) de beurre, fondu
24 pommes de terre parisiennes
3 carottes, pelées, coupées en bâtonnets
3 oignons, coupés en quartiers
15 ml (1 c. à soupe) de persil, haché
125 ml (¹/₂ tasse) de bouillon de poulet,
chaud
sel et poivre

Préchauffer le four à 220 °C (425 °F).

Bien rincer les poules ; assécher avec du papier essuie-tout. Saler et poivrer l'intérieur et l'extérieur.

Placer les poules dans un grand poêlon et les badigeonner de beurre fondu. Faire cuire au four 15 minutes.

Verser 500 ml (2 tasses) d'eau salée dans une casserole et amener à ébullition. Ajouter les pommes de terre et les carottes ; faire cuire 5 minutes. Faire refroidir les légumes sous l'eau froide et bien égoutter.

Mettre les pommes de terre, les carottes et les oignons dans le poêlon et continuer la cuisson 20 à 25 minutes à 200 °C (400 °F). Arroser les poules pendant la cuisson.

Retirer le poêlon du four. Ajouter le persil et le bouillon de poulet. Mélanger et servir.

Gâteau de Noël

---

pour 10 à 12 personnes

---

625 ml (2 ¹/₂ tasses) de raisins secs, dorés,
de Californie
500 ml (2 tasses) de raisins secs
625 ml (2 ¹/₂ tasses) de groseilles
250 ml (1 tasse) de fruits confits, mélangés,
hachés
125 ml (¹/₂ tasse) d'amandes effilées
625 ml (2 ¹/₂ tasses) de farine
5 ml (1 c. à thé) de soda à pâte
1 ml (¹/₄ c. à thé) de sel
125 ml (¹/₂ tasse) de chocolat râpé
300 ml (1 ¹/₄ tasse) de cassonade
5 œufs
45 ml (3 c. à soupe) de rhum
2 blancs d'œufs, en neige ferme

Préchauffer le four à 150 °C (300 °F).

Foncer d'une double épaisseur de papier ciré un moule démontable de 23 cm (9 po).

Dans un grand bol à mélanger, mettre les raisins, les groseilles, les fruits confits et les amandes. Mettre de côté.

Dans un autre bol, tamiser la farine, le soda à pâte et le sel. Prendre le ¹/₃ du mélange et l'ajouter aux fruits. Bien mélanger.

Faire fondre le chocolat et laisser refroidir.

Avec une spatule, réduire le beurre en crème dans un grand bol. Incorporer le chocolat et ajouter graduellement le sucre ; bien mélanger.

Ajouter les œufs, un à la fois, en remuant bien entre chaque addition. Incorporer la farine tamisée et le mélange de fruits ; bien mélanger.

Ajouter le rhum, mélanger et ajouter les blancs d'œufs en pliant.

Déposer la pâte dans un moule par cuillerées et badigeonner la surface d'eau. Faire cuire au four 1 ¹/₂ heure.

Pour vérifier si le gâteau est cuit, insérer un cure-dent ; celui-ci devrait en ressortir sec.

Faire refroidir le gâteau sur une grille, puis l'envelopper dans une mousseline à fromage. Conserver dans un contenant à l'abri de l'air jusqu'à utilisation.

Cailles aux raisins

pour 2 personnes

4 cailles, prêtes à cuire
30 ml (2 c. à soupe) de beurre, fondu
125 ml (¹/₂ tasse) de vin blanc, sec
350 g (³/₄ livre) de raisin blanc et rouge,
sans pépins
500 ml (2 tasses) de bouillon de bœuf,
chaud
25 ml (1 ¹/₂ c. à soupe) de fécule de maïs
30 ml (2 c. à soupe) d'eau froide
15 ml (1 c. à soupe) de persil, haché
sel et poivre

Préchauffer le four à 220 °C (425 °F).

Bien rincer les cailles ; les assécher avec du papier essuie-tout. Saler et poivrer.

Badigeonner les cailles avec le beurre fondu et mettre dans une casserole allant au four. Faire cuire au four pendant 20 minutes ; arroser pendant la cuisson.

Ajouter le vin blanc et les raisins ; continuer la cuisson 6 à 7 minutes.

Disposer les cailles sur un plat de service chaud. Mettre de côté.

Déposer la casserole sur le feu et verser le bouillon de bœuf.

Délayer la fécule de maïs dans de l'eau froide. Incorporer le mélange dans la sauce. Amener à ébullition et ajouter le persil.

Verser la sauce sur les cailles. Servir.

Cannelloni farcis pour quatre

pour 4 personnes

45 ml (3 c. à soupe) de beurre fondu
375 g (³/₄ livre) de veau haché
1 oignon, pelé, finement haché
1 branche de céleri, finement hachée
1 carotte, finement hachée
1 gousse d'ail, écrasée, hachée
750 g (1 ¹/₂ livre) d'épinards, cuits, hachés
125 ml (¹/₂ tasse) de sauce blanche,
épaisse, chaude
1 ml (¹/₄ c. à thé) de muscade
15 ml (1 c. à soupe) de persil, haché
125 ml (¹/₂ tasse) de fromage gruyère, râpé
4 portions de cannelloni, cuits

375 ml (1 ¹/₂ tasse) de sauce tomate, chaude
un peu de paprika
sel et poivre blanc

Préchauffer le four à 190 °C (375 °F).

Faire chauffer 30 ml (2 c. à soupe) de beurre dans une poêle à frire. Ajouter le veau et bien assaisonner. Faire cuire 4 minutes, puis retirer.

Ajouter le reste de beurre et faire chauffer. Ajouter l'oignon, le céleri, la carotte et l'ail. Assaisonner, couvrir et faire cuire à feu moyen 6 à 7 minutes. Remuer souvent.

Ajouter les épinards, bien mélanger et faire cuire 3 minutes. Mettre les épinards dans le mixer et les réduire en purée. Verser dans un grand bol et incorporer la sauce blanche et la muscade. Ajouter le persil et 50 ml (¹/₄ tasse) de fromage ; bien mélanger.

Incorporer le veau au mélange et assaisonner de paprika, de sel et de poivre.

Farcir les cannelloni et placer dans un plat beurré allant au four. Verser la sauce tomate et parsemer de fromage. Faire cuire au four 18 minutes.

Servir.

Casserole de poulet

pour 4 personnes

30 ml (2 c. à soupe) de beurre
1 carotte, coupée en tranches de 1,3 cm
(1/2 po) d'épaisseur
1/2 branche de céleri, coupée en tranches de
1,3 cm (1/2 po) d'épaisseur
1 oignon, pelé, coupé en six
1 feuille de laurier
1 brin de thym
2 brins de persil
1 poulet de 1,8 kg (4 livres), lavé, troussé
50 ml (1/4 tasse) de beurre, fondu
50 ml (1/4 tasse) de vin blanc, sec
375 ml (1 1/2 tasse) de sauce brune, claire,
chaude
30 ml (2 c. à soupe) de persil, haché
sel et poivre

Préchauffer le four à 200 °C (400 °F).

Faire chauffer 30 ml (2 c. à soupe) de beurre dans une casserole allant au four. Ajouter les légumes et toutes les épices.

Placer le poulet le dos contre les légumes et verser le beurre fondu par-dessus. Assaisonner, couvrir et faire cuire au four 1 1/2 à 1 3/4 heure. Arroser de temps en temps.

Vérifier si le poulet est cuit en incisant une cuisse. Le jus devrait être clair.

Lorsque le poulet est cuit, retirer du four et garder au chaud. Mettre la casserole sur le feu et jeter presque tout le gras. Ajouter le vin et faire cuire 4 minutes.

Incorporer la sauce brune et continuer la cuisson 3 à 4 minutes. Assaisonner, égoutter et saupoudrer de persil.

Servir la sauce avec le poulet et des pommes de terre rôties.

Poulet poché au vin blanc

pour 4 personnes

1 poulet de 1,8 kg (4 livres), lavé
2 carottes, tranchées
1 branche de céleri, tranchée
1 gros oignon, pelé, coupé en quatre
1 poireau, lavé, coupé en quatre
375 ml (1 1/2 tasse) de vin blanc, sec
1,5 L (6 tasses) d'eau

1 feuille de laurier
3 brins de persil
60 ml (4 c. à soupe) de beurre
75 ml (5 c. à soupe) de farine
1 jaune d'œuf
125 ml (1/2 tasse) de crème à 35 %
15 ml (1 c. à soupe) de persil, haché
jus de 1 citron
sel et poivre

Mettre le poulet dans une grande casserole. Ajouter les carottes, le céleri, l'oignon et le poireau. Verser le vin blanc et l'eau ; bien assaisonner.

Ajouter la feuille de laurier, les brins de persil et le jus de citron. Couvrir et amener à ébullition. Continuer la cuisson à feu doux 40 à 50 minutes.

Lorsque le poulet est cuit, le retirer et le mettre de côté. Continuer la cuisson du liquide à feu vif 10 minutes. Réserver 750 ml (3 tasses) de liquide.

Faire chauffer le beurre dans une casserole. Ajouter la farine et bien mélanger. Faire cuire 2 à 3 minutes. Incorporer le liquide réservé et continuer la cuisson 8 à 10 minutes.

Mélanger le jaune d'œuf et la crème ; incorporer à la sauce. Laisser mijoter 2 minutes.

Verser la sauce sur le poulet et parsemer de persil. Servir.

Farce aux pommes pour dinde

45 ml (3 c. à soupe) de beurre, fondu
2 oignons, pelés, hachés
1 branche de céleri, hachée
500 ml (2 tasses) de pommes à cuire,
évidées, pelées, émincées
5 ml (1 c. à thé) de sauge
500 ml (2 tasses) de mie de pain sec,
émiettée
sel et poivre

Faire chauffer le beurre dans une grande sauteuse. Ajouter les oignons et le céleri ; couvrir et faire cuire 6 à 7 minutes.

Ajouter les pommes et la sauge ; mélanger et continuer la cuisson à feu moyen 18 à 20 minutes.

Incorporer le pain et assaisonner. Farcir la dinde.

Chili d'après-ski

pour 4 personnes

30 ml (2 c. à soupe) de graisse de bœuf
1 gros oignon, pelé, haché
30 ml (2 c. à soupe) de chili en poudre
5 ml (1 c. à thé) de cumin
750 g (1 1/2 livre) de bœuf haché, maigre
375 ml (1 1/2 tasse) de haricots
rouges, cuits
1 boîte de tomates de 796 ml (28 onces),
égouttées et hachées
50 ml (1/4 tasse) de bouillon de bœuf,
chaud (si nécessaire)
quelques gouttes de sauce Tabasco
une pincée de paprika
sel et poivre du moulin

Faire chauffer la graisse dans une sauteuse. Ajouter l'oignon, le chili en poudre et le cumin. Faire cuire à feu doux 2 à 3 minutes.

Ajouter le bœuf, bien assaisonner et continuer la cuisson 3 à 4 minutes ou jusqu'à ce qu'il brunisse.

Incorporer les haricots rouges, les tomates, la sauce Tabasco et le paprika. Bien mélanger. Si le mélange est trop épais, ajouter du bouillon de bœuf.

Couvrir et faire cuire à feu doux 60 minutes.
Servir avec du pain grillé.

Boulettes de viande à la bourguignonne

pour 4 personnes

15 ml (1 c. à soupe) de beurre, fondu
1 oignon, pelé, finement haché
2 gousses d'ail, écrasées, hachées
750 g (1 1/2 livre) de bœuf
haché, maigre
15 ml (1 c. à soupe) de pâte de tomate
1 œuf
30 ml (2 c. à soupe) d'huile
4 tranches de bacon,
coupées en dés
125 g (1/4 livre) de champignons, lavés,
coupés en deux
250 ml (1 tasse) de vin rouge, sec
1 feuille de laurier
2 brins de persil
1 ml (1/4 c. à thé) de thym

500 ml (2 tasses) de sauce brune, chaude
une pincée de paprika
piment écrasé, au goût
sel et poivre

Préchauffer le four à 180 °C (350 °F).

Faire chauffer le beurre dans une petite casserole. Ajouter l'oignon et l'ail ; couvrir et faire cuire à feu doux 3 minutes.

Mettre les oignons dans le mixer. Ajouter la viande, la pâte de tomate, le paprika, le piment écrasé et l'œuf, et mélanger 1 minute.

Façonner le mélange en petites boules. Faire chauffer l'huile dans une sauteuse et ajouter les boulettes de viande. Faire brunir de tous côtés à feu moyen. Retirer et mettre de côté.

Ajouter le bacon et les champignons dans la sauteuse ; bien assaisonner. Faire cuire 6 à 7 minutes. Verser le vin et continuer la cuisson à feu vif 3 minutes.

Ajouter toutes les épices et la sauce brune. Laisser mijoter quelques minutes puis remettre les boulettes de viande dans la sauteuse. Couvrir et faire cuire au four 15 à 16 minutes. Servir.

Le Tombstone Range, Yukon.

Dinde rôtie

pour 10 à 12 personnes

1 dinde de 4,5 à 5,4 kg
(10 à 12 livres)
50 ml (¹/₄ tasse) de beurre fondu
farce aux pommes
sel et poivre

Préchauffer le four à 180 °C (350 °F). Calculer 20 minutes par 500 g (1 livre).

Retirer les abats et le cou ; laver et mettre de côté. Bien laver l'intérieur et l'extérieur de la dinde ; assécher avec du papier essuie-tout.

Saler et poivrer l'intérieur de la dinde. Farcir l'intérieur du cou et le ficeler. Farcir l'intérieur de la dinde et la ficeler.

Mettre la dinde dans un plat à rôtir allant au four et bien assaisonner. Badigeonner avec le beurre. Faire cuire au four et arroser souvent.

Sauce :

1 oignon, pelé, coupé en quatre
2 carottes, coupées en dés
1 branche de céleri,
coupée en dés
2 clous de girofle
3 brins de persil
1 feuille de laurier
1 L (4 tasses) d'eau
45 à 60 ml (3 à 4 c. à soupe)
de graisse de dinde
60 ml (4 c. à soupe) de farine
abats
cou
sel et poivre

Mettre les abats, le cou, l'oignon, les carottes, le céleri, les clous de girofle, le persil et la feuille de laurier dans une grande casserole. Ajouter l'eau et assaisonner.

Amener à ébullition et faire cuire à feu doux 1 ¹/₂ heure en couvrant partiellement.

Après 15 minutes de cuisson, retirer le foie et mettre de côté.

Mettre la graisse de dinde dans une casserole et ajouter la farine. Mélanger et faire brunir à feu doux.

Passer le bouillon et ajouter la farine brunie en un mince filet régulier. Mélanger constamment.

Assaisonner la sauce et continuer la cuisson 15 minutes. Hacher le foie et mettre dans la sauce (facultatif).

Verser dans une saucière et servir avec la dinde rôtie.

Coupe New York à la tyrolienne

pour 4 personnes

30 ml (2 c. à soupe) d'huile
2 échalotes sèches, hachées
1 gousse d'ail, écrasée, hachée
1 boîte de tomates de 796 ml (28 onces),
égouttées, hachées
15 ml (1 c. à soupe) de
pâte de tomate
1 gros oignon espagnol, pelé, tranché en
rondelles de 0,6 cm (¹/₄ po)
250 ml (1 tasse) de farine
2 œufs, battus
375 ml (1 ¹/₂ tasse) de chapelure
4 steaks coupe New York, de 2,5 cm (1 po)
d'épaisseur chacun
sel et poivre
huile d'arachide

Faire chauffer la moitié de l'huile dans une sauteuse. Ajouter les échalotes et l'ail ; mélanger, couvrir et faire cuire 2 minutes.

Ajouter les tomates, bien assaisonner et faire cuire à feu vif 3 à 4 minutes. Incorporer la pâte de tomate, mélanger et faire mijoter à feu doux 6 à 7 minutes.

Enfariner les rondelles d'oignon ; les tremper dans l'œuf et les recouvrir de chapelure. Faire frire quelques minutes avant de servir les steaks.

Faire chauffer le reste de l'huile dans la sauteuse. Ajouter les steaks et faire cuire 3 minutes de chaque côté. Bien assaisonner.

Lorsque les steaks sont cuits, les servir avec la sauce et les rondelles d'oignon.

Soupe aux poireaux gratinée

pour 4 personnes

30 ml (2 c. à soupe) de beurre
1 petit oignon, pelé, haché
3 gros poireaux (le blanc seulement) lavés, tranchés
1 ml (1/4 c. à thé) de thym
1 ml (1/4 c. à thé) de fenouil
1 feuille de laurier
15 ml (1 c. à soupe) de persil, haché
3 pommes de terre, pelées, finement tranchées
1,5 L (6 tasses) de bouillon de poulet, chaud
250 ml (1 tasse) de fromage gruyère, râpé
une pincée de paprika
sel et poivre

Préchauffer le four à 200 °C (400 °F).

Faire chauffer le beurre dans une sauteuse. Ajouter l'oignon et les poireaux ; bien assaisonner. Incorporer les épices ; remuer légèrement. Couvrir et faire cuire 8 à 10 minutes.

Ajouter les pommes de terre et le bouillon de poulet ; bien assaisonner. Amener à ébullition et continuer la cuisson à feu doux 30 minutes. Couvrir partiellement.

Mettre la soupe dans des petits bols et saupoudrer de fromage. Mettre au four à gril (broil) 8 à 10 minutes.

Servir.

Poitrine de caneton, sauce au poivre vert

pour 4 personnes

30 ml (2 c. à soupe) de beurre
4 poitrines de caneton, sans peau
1 petite carotte, coupée en petits dés
30 ml (2 c. à soupe) d'oignon, coupé en dés

30 ml (2 c. à soupe) de céleri, coupé en dés
125 ml (1/2 tasse) de vin blanc, sec
375 ml (1 1/2 tasse) de bouillon de poulet, chaud
30 ml (2 c. à soupe) de crème à 35 %
25 ml (1 1/2 c. à soupe) de poivre vert, en grains
15 ml (1 c. à soupe) de fécule de maïs
30 ml (2 c. à soupe) d'eau froide
30 ml (2 c. à soupe) d'huile
250 g (1/2 livre) de champignons, lavés, coupés en dés
sel et poivre

Préchauffer le four à 190 °C (375 °F).

Saler et poivrer les poitrines de caneton.

Faire fondre le beurre dans une grande cocotte. Ajouter les poitrines, la carotte, l'oignon et le céleri ; faire cuire 3 minutes de chaque côté. Couvrir et mettre la cocotte au four ; continuer la cuisson 7 à 8 minutes.

Cinq minutes avant la fin de la cuisson, ôter le couvercle et ajouter le vin. Terminer la cuisson sans couvrir.

Lorsque les poitrines sont cuites, les retirer de la cocotte et dresser sur un plat de service chaud.

Remettre la cocotte sur le feu et incorporer le bouillon de poulet. Faire cuire 2 minutes.

Dans un petit bol, avec le dos d'une cuillère, écraser le poivre dans la crème. Incorporer le mélange dans la sauce.

Délayer la fécule de maïs dans l'eau froide et incorporer le mélange dans la sauce. Mettre les poitrines dans la sauce et faire cuire à feu doux 2 minutes.

Faire chauffer l'huile dans une poêle à frire. Ajouter les champignons et faire cuire 3 minutes. Incorporer les champignons dans la sauce. Servir.

Spaghetti sauce aux crevettes

30 ml (2 c. à soupe) d'huile
2 oignons, pelés, finement tranchés
2 gousses d'ail, écrasées, hachées
1 petit piment chili, haché
2 boîtes de tomates de 796 ml (28 onces),
égouttées, hachées
1 petite boîte de pâte de tomate
45 ml (3 c. à soupe) de beurre
500 g (1 livre) de crevettes, décortiquées,
nettoyées
125 g (¹/4 livre) de fromage
parmesan, râpé
4 portions de spaghetti, non cuits
sel et poivre

Faire chauffer l'huile dans une grande casserole. Ajouter les oignons, l'ail et le piment chili ; bien mélanger et faire cuire à feu doux 3 minutes.

Incorporer la pâte de tomate ; mélanger et bien assaisonner. Faire cuire à feu doux 30 minutes.

Préparer les spaghetti selon les instructions mentionnées sur l'emballage.

Pendant ce temps, faire chauffer le beurre dans une poêle à frire. Ajouter les crevettes, assaisonner et faire cuire 3 minutes. Mélanger une fois pendant la cuisson.

Mettre les crevettes dans la sauce et laisser mijoter quelques minutes.

Lorsque les spaghetti sont cuits, égoutter et servir avec la sauce. Saupoudrer de fromage râpé.

Salade aux avocats

1 avocats, pelé, coupé en deux,
sans noyau, tranché
6 litchis, égouttés
1 pomme, pelée, évidée, émincée
500 g (1 livre) de crevettes, cuites,
décortiquées, nettoyées
250 ml (1 tasse) de pois, congelés, cuits
1 petite branche de cœur de céleri,
tranchée
250 ml (1 tasse) de sauce tomate

quelques gouttes de jus de citron
sel et poivre
feuilles de laitue pour garnir

Dans un grand bol à salade, mettre l'avocat, les litchis, la pomme, les crevettes, les pois et le céleri. Remuer légèrement.

Bien assaisonner et arroser de jus de citron ; mélanger.

Incorporer la sauce et mélanger légèrement. Disposer les feuilles de laitue sur un plat de service et déposer la salade par cuillerées.

Décorer de tranches de citron et servir.

Sauce tomate :

1 gousse d'ail, écrasée, hachée
30 ml (2 c. à soupe) de jus de citron
45 ml (3 c. à soupe) de vinaigre de vin
15 ml (1 c. à soupe) de moutarde de Dijon
135 ml (9 c. à soupe) d'huile d'olive
5 ml (1 c. à thé) de sirop d'érable
30 ml (2 c. à soupe) de sauce tomate
une pincée de sucre
quelques gouttes de sauce
Worcestershire
sel et poivre

Mettre l'ail, le jus de citron, le vinaigre et la moutarde dans un petit bol. Bien mélanger au fouet.

Ajouter l'huile, en un mince filet, en mélangeant constamment.

Incorporer le sirop d'érable, la sauce tomate et le sucre. Bien assaisonner et ajouter la sauce Worcestershire. Mélanger au fouet et servir.

Cailles aux légumes et au vin

6 tranches de bacon, coupées en dés
45 ml (3 c. à soupe) de beurre
8 cailles, nettoyées, assaisonnées et
troussées
250 ml (1 tasse) de petits oignons blancs
250 ml (1 tasse) de petits champignons, les
têtes seulement
50 ml (¹/4 tasse) de vin blanc, sec
300 ml (1 ¹/4 tasse) de sauce brune,
chaude

Après une chute de neige au lac O'Hara, parc national de Yoho.

15 ml (1 c. à soupe) de pâte de tomate
15 ml (1 c. à soupe) de persil, haché
sel et poivre

Préchauffer le four à 180 °C (350 °F).

Mettre le bacon dans une grande sauteuse et faire cuire 3 minutes. Jeter une partie du gras et ajouter du beurre.

Déposer les cailles dans la sauteuse et saisir à feu vif 2 à 3 minutes.

Couvrir la sauteuse et faire cuire au four 10 à 15 minutes.

Ajouter les oignons, couvrir et continuer la cuisson 8 minutes.

Ajouter les têtes de champignons, couvrir et faire cuire 7 minutes.

Lorsque les cailles sont cuites, retirer de la sauteuse et dresser sur un plat de service. Déposer la sauteuse sur un feu vif.

Ajouter le vin et faire cuire 3 minutes. Incorporer la sauce brune, la pâte de tomate et le persil ; bien assaisonner. Faire cuire 3 minutes.

Verser la sauce aux légumes sur les cailles et servir avec du brocoli cuit à la vapeur.

Carbonnade de bœuf

pour 4 à 6 personnes

1 flanc de bœuf épais,
coupé en 8 petits steaks
250 ml (1 tasse) de farine

60 ml (4 c. à soupe) de
graisse de bœuf
30 ml (2 c. à soupe) de beurre
1 gros oignon espagnol, pelé, haché
15 ml (1 c. à soupe) de cassonade
250 ml (1 tasse) de bière
625 ml (2 1/2 tasses) de sauce
brune, chaude
15 ml (1 c. à soupe) de persil, haché
15 ml (1 c. à soupe) de ciboulette,
hachée
sel et poivre

Préchauffer le four à 180 °C (350 °F).

Bien assaisonner les steaks et les enfariner.

Faire chauffer la graisse dans un plat à rôtir allant au four. Ajouter la viande et faire brunir des deux côtés. Retirer les steaks et mettre de côté.

Ôter l'excès de graisse du plat à rôtir, puis ajouter le beurre. Faire chauffer et ajouter l'oignon ; faire cuire à feu doux 15 minutes. Remuer souvent.

Lorsque l'oignon est brun, ajouter la cassonade et bien mélanger. Ajouter la viande et la bière ; continuer la cuisson 4 minutes.

Incorporer la sauce brune, le persil et la ciboulette. Rectifier l'assaisonnement et mélanger.

Couvrir de papier d'aluminium et faire cuire au four 2 heures.

Servir avec des nouilles aux œufs.

Filet de porc
à l'orange

pour 4 personnes

2 filets de porc
30 ml (2 c. à soupe) de beurre fondu
30 ml (2 c. à soupe) d'oignon, haché
375 ml (1 1/2 tasse) de bouillon
de poulet, chaud
15 ml (1 c. à soupe) de fécule de maïs
30 ml (2 c. à soupe) d'eau froide
1 orange, en tranches
jus de 1 1/2 orange
zeste de 1 orange
sel, poivre, paprika

Préchauffer le four à 180 °C (350 °F).

Retirer le gras et la peau des filets de porc.

Faire chauffer le beurre dans une cocotte à feu moyen. Ajouter l'oignon et les filets ; faire cuire 3 à 4 minutes de chaque côté. Assaisonner de sel, de poivre et de paprika.

Ajouter le jus d'orange et continuer la cuisson à feu vif 2 minutes.

Ajouter le bouillon de poulet ; mettre la cocotte au four et faire cuire 15 à 18 minutes, selon l'épaisseur des filets.

Retirer les filets de la cocotte. Déposer sur un plat de service, chaud. Remettre la cocotte sur le feu.

Délayer la fécule de maïs dans l'eau. Incorporer le mélange à la sauce. Mélanger et rectifier l'assaisonnement. Faire cuire à feu vif 3 à 4 minutes.

Ajouter le zeste d'orange et continuer la cuisson 1 minute.

Ajouter les tranches d'orange ; bien mélanger.

Déposer les filets de porc dans la sauce et faire cuire à feu doux 2 minutes. Servir.

Vin de Bourgogne
chaud, épicé

pour 8 personnes

250 ml (1 tasse) d'eau
90 ml (3 onces) de sucre
3 clous de girofle
3 bâtons de cannelle
2 bouteilles de vin de Bourgogne
125 ml (4 onces) de brandy, chaud
zeste de 2 citrons, tranché

Verser l'eau dans une casserole. Ajouter le sucre, le zeste de citron, les clous de girofle et les bâtons de cannelle. Faire bouillir 2 minutes et filtrer.

Faire chauffer le vin dans la casserole et amener au point d'ébullition. Ne pas laisser bouillir ! Ajouter l'eau épicée et le brandy. Mélanger légèrement et laisser mijoter quelques minutes.

Servir.

Poitrine de dinde farcie
aux champignons

pour 4 personnes

1 poitrine de dinde, désossée
50 ml (1/4 tasse) de beurre fondu
30 ml (2 c. à soupe) de beurre, non salé
1 oignon, pelé, haché
15 ml (1 c. à soupe) de persil, haché
125 g (1/4 livre) de champignons, lavés,
hachés
1 pomme, évidée, pelée, hachée
125 ml (1/2 tasse) de croûtons,
assaisonnés
45 ml (3 c. à soupe) de crème à 35 %
250 ml (1 tasse) de sauce aux

canneberges, chaude
une pincée de paprika
sel et poivre

Préchauffer le four à 180 °C (350 °F).

Mettre la dinde dans un plat à rôtir allant au four et bien assaisonner. Badigeonner avec le beurre fondu et faire cuire au four 20 minutes par 500 g (1 livre). Arroser souvent.

Faire fondre le beurre dans une casserole. Ajouter l'oignon, le persil et les champignons ; bien assaisonner. Couvrir et faire cuire à feu doux 3 minutes.

Ajouter la pomme et les croûtons. Rectifier l'assaisonnement.

Ajouter le paprika, couvrir et continuer la cuisson 4 à 5 minutes.

Incorporer la crème et laisser mijoter quelques minutes.

Servir la dinde avec la farce aux champignons et la sauce aux canneberges.

Faisan rôti

pour 4 à 6 personnes

125 ml (1/2 tasse) de pommes de terre parisiennes
125 ml (1/2 tasse) de carottes, en rondelles
125 ml (1/2 tasse) de navet, en rondelles
50 ml (1/4 tasse) de beurre fondu
2 faisans, lavés, badigeonnés de jus de citron, assaisonnés
45 ml (3 c. à soupe) de cognac
45 ml (3 c. à soupe) de vin de Madère
1 oignon, pelé, finement haché
1 ml (1/4 c. à thé) de thym
1 ml (1/4 c. à thé) de persil, haché
300 ml (1 1/4 tasse) de sauce brune, chaude
sel et poivre

Mettre les pommes de terre, les carottes et le navet dans une petite casserole contenant 500 ml (2 tasses) d'eau bouillante salée. Faire cuire 6 à 7 minutes. Retirer les légumes et refroidir sous l'eau froide.

Faire chauffer le beurre dans une grande casserole. Ajouter les faisans et faire brunir à feu moyen de tous côtés.

Couvrir et faire cuire à feu doux 40 minutes, selon la grosseur. Assaisonner et arroser pendant la cuisson.

Lorsque les faisans sont cuits, enlever le couvercle et ajouter le cognac. Flamber et laisser mijoter 2 minutes.

Retirer les faisans et garder au chaud. Ajouter le vin, l'oignon et les légumes cuits dans la casserole. Faire cuire 3 minutes.

Parsemer de thym et de persil ; mélanger. Ajouter la sauce brune et laisser mijoter 5 à 6 minutes. Rectifier l'assaisonnement.

Servir la sauce aux légumes avec les faisans.

Café fougueux

pour 4 à 6 personnes

60 ml (4 c. à soupe) de sucre
15 ml (1 c. à soupe) de cassonade
90 ml (3 onces) de cognac
30 ml (1 once) d'anisette
375 ml (1 1/2 tasse) de crème fouettée
café noir, chaud, fort
une pincée de muscade

Mettre le sucre et la cassonade dans une casserole. Faire cuire jusqu'à l'obtention d'une teinte caramel. Retirer du feu.

Tremper le bord de chaque verre dans le caramel de sorte que le sucre glisse à l'extérieur du verre.

Mélanger le cognac et l'anisette ; verser dans les verres. Remplir de café presque jusqu'au bord.

Garnir de crème fouettée et saupoudrer de muscade.

*Vignobles dans la vallée de l'Okanagan, Colombie-Bri-
tannique.*

LES SUCRERIES

L'idée d'un savoureux dessert donne générale-ment l'eau à la bouche, car c'est la meilleure façon de couronner un repas. La simple vue d'un dessert prêt à être servi réveille les sens et stimule les appétits les plus comblés. Bien des palais ne peuvent résister devant des desserts appétissants.

Les sucreries sont pour tous, parce qu'elles peuvent être aussi simples et légères que riches et somptueuses. Donc, lors de votre visite dans ce merveilleux pays, laissez-vous tenter par ces majestueuses coupes débordantes de fruits frais et colorés, légèrement saupoudrés de sucre ou encore par un délicieux gâteau au fromage, riche et crémeux, couvert de belles fraises bien mûres et appétissantes. Et pour ceux qui désirent que leur dessert soit le point de mire d'un repas, pourquoi ne pas savourer un classique Paris-Brest : ce délicieux mélange de crème fouettée et de crème pâtissière entre deux couches de pâte feuilletée.

Les Canadiens sont très fiers de leur grande variété de délicieux desserts. De formidables combinaisons, à partir de recettes d'hier et d'aujourd'hui, ont donné naissance à des sucreries populaires. Il n'y a rien de plus réconfortant par de froides nuits d'hiver, que les gâteaux et les poudings fumants qui sortent du four.

Quel que soit le choix du dessert ou l'événement à souligner, les Canadiens ont toujours le souci d'une belle présentation… Ainsi, un peu de chocolat râpé viendra joliment garnir une crème anglaise ; une boule de crème glacée à la vanille ou une tranche de fromage cheddar complètera merveilleusement bien une tarte aux pommes à l'ancienne.

Les desserts que nous vous présentons ici sont les préférés des Canadiens. N'oubliez jamais en les préparant d'y ajouter une touche personnelle ; il est fort probable que vous créerez alors de nouveaux desserts canadiens. Vous pourrez ainsi goûter ces délices en attendant de venir les déguster sur place.

Crêpes Suzette

pour 4 personnes

Pâte à crêpe :

250 ml (1 tasse) de farine tout usage
30 ml (2 c. à soupe) de sucre
3 gros œufs
375 ml (1 1/2 tasse) de lait, coupé d'eau tiède
30 ml (2 c. à soupe) de brandy
45 ml (3 c. à soupe) de beurre fondu
une pincée de sel

Tamiser la farine, le sel et le sucre dans un bol. Ajouter les œufs et la moitié du liquide ; mélanger avec un fouet.

Ajouter le reste du liquide, le brandy et le beurre; bien mélanger.

Passer la pâte au tamis, couvrir et mettre au réfrigérateur 1 heure.

Faire chauffer le beurre dans une poêle à crêpe. Lorsque le beurre est très chaud, versez suffisamment de pâte pour couvrir le fond de la poêle. Jeter le surplus de pâte. Faire cuire chacune des crêpes 1 minute d'un côté et 30 secondes de l'autre côté.

Sauce Suzette :

30 ml (2 c. à soupe) de beurre
30 ml (2 c. à soupe) de sucre
30 ml (2 c. à soupe) de zeste de citron
30 ml (2 c. à soupe) de brandy
jus de 2 oranges
jus de 1/2 citron

Mettre le beurre et le sucre dans une poêle à frire, mélanger et faire caraméliser 2 minutes.

Ajouter les jus d'orange et de citron ; mélanger.

Déposer 8 crêpes pliées en 4 dans la sauce et faire cuire 1 minute de chaque côté.

Ajouter le zeste de citron et le brandy. Faire flamber. Servir.

Crêpes aux bananes

pour 4 personnes

4 bananes, pelées, coupées en deux dans le sens de la longueur
50 ml (1/4 tasse) de sucre glace
45 ml (3 c. à soupe) de rhum
50 ml (1/4 tasse) d'amandes, effilées
8 crêpes

Préchauffer le four à 200 °C (400 °F).

Mettre les bananes dans un plat à rôtir allant au four et saupoudrer avec la moitié du sucre. Ajouter 15 ml (1 c. à soupe) de rhum et faire brunir au four à gril (broil) 2 minutes.

Retirer du four et parsemer d'amandes. Farcir les crêpes avec les bananes et mettre dans un plat à rôtir allant au four.

Saupoudrer avec le reste de sucre et mettre au four à gril (broil) 2 minutes. Flamber avec le reste de rhum et servir.

Gâteau au fromage aux fraises

pour 6 à 8 personnes

300 ml (1 1/4 tasse) de fromage en crème
30 ml (2 c. à soupe) de crème sure
175 ml (3/4 tasse) de sucre
30 ml (2 c. à soupe) de jus de citron
20 ml (1 1/4 c. à soupe) de farine
15 ml (1 c. à soupe) de vanille
4 jaunes d'œufs
1 pâte à tarte, cuite, faite avec des biscuits graham

Préchauffer le four à 220 °F(425 °C).

Mettre le fromage dans un mixer. Ajouter la crème sure et le sucre ; mélanger 2 à 3 minutes.

Ajouter le jus de citron et la farine ; bien mélanger. Incorporer la vanille.

Ajouter les œufs, en mélangeant après chaque addition. Mélanger vigoureusement.

Placer la pâte à tarte dans un moule et ajouter la garniture. Faire cuire au four 7 minutes.

Réduire la température du four à 100 °C (200 °F) et continuer la cuisson 20 minutes.

Glaçage :

1 L (4 tasses) de fraises, lavées, équeutées
50 ml (1/4 tasse) de sucre
30 ml (2 c. à soupe) de jus de citron
15 ml (1 c. à soupe) de fécule de maïs

Dans un mixer, réduire les fraises en purée.

Verser dans une casserole et ajouter les autres ingrédients. Amener à ébullition en fouettant constamment.

Lorsque le mélange est près du point d'ébullition, retirer du feu et laisser refroidir. Verser sur le gâteau et garnir de fraises.

Paris-Brest

250 ml (1 tasse) d'eau
2 ml (¹/₂ c. à thé) de sel
60 ml (4 c. à soupe) de beurre,
non salé
250 ml (1 tasse) de farine tout usage,
tamisée
4 œufs
1 œuf battu
30 ml (2 c. à soupe) d'amandes,
effilées
crème pâtissière
crème fouettée

Préchauffer le four à 200 °C (400 °F).

Beurrer et enfariner légèrement une plaque à biscuits ; mettre de côté.

Mettre l'eau dans une casserole. Ajouter le sel et le beurre ; amener à ébullition. Faire bouillir 3 minutes.

Retirer la casserole du feu et incorporer la farine. Mélanger rapidement avec une cuillère en bois.

Remettre la casserole sur le feu doux. Remuer environ 3 à 4 minutes, jusqu'à ce que la pâte forme une boule et ne colle pas aux doigts.

Retirer la casserole du feu et mettre la pâte dans un bol à mélanger. Faire refroidir 8 minutes.

Ajouter les œufs, un à la fois, en mélangeant après chaque addition pour obtenir une pâte lisse.

Déposer la pâte dans un sac à pâtisserie. Sur la plaque à biscuits, former un grand cercle avec la pâte. En former un autre à l'intérieur, puis un dernier sur les deux premiers cercles.

Badigeonner d'œuf battu et parsemer les amandes effilées. Laisser reposer 20 minutes.

Faire cuire au four 40 minutes. Fermer le four et laisser la porte entrouverte ; laisser reposer 20 minutes.

Avec un long couteau, couper la pâte en deux. Étendre de la crème pâtissière sur la couche de fond et recouvrir de crème fouettée. Poser l'autre couche de pâte sur le tout, garnir de crème fouettée et servir.

Carrés au chocolat

pour 6 à 8 personnes

60 g (2 onces) de chocolat semi-sucré
125 ml (^{1}/$_2$ tasse) de beurre, non salé
125 ml (^{1}/$_2$ tasse) de sucre
1 gros œuf
30 ml (2 c. à soupe) de rhum
125 ml (^{1}/$_2$ tasse) de farine tamisée
50 ml (^{1}/$_4$ tasse) de noix, hachées
50 ml (^{1}/$_4$ tasse) d'amandes, effilées, grillées
une pincée de sel

Préchauffer le four à 185 °C (360 °F).

Bien beurrer un moule carré de 30 cm (12 po) allant au four.

Faire fondre le chocolat et le beurre à feu doux, dans un bol placé au-dessus d'une casserole remplie d'eau.

Ajouter le sucre et bien mélanger. Mélanger l'œuf et le rhum ; incorporer au mélange.

Tamiser la farine et le sel dans le mélange et bien mélanger.

Verser la pâte dans le moule et l'étendre uniformément avec une spatule. Parsemer les amandes et les noix.

Faire cuire au four 15 à 18 minutes.

Lorsque la cuisson est terminée, retirer du four et couper immédiatement des carrés de 5 cm (2 po). Retirer les carrés et laisser refroidir avant de servir.

Crème pâtissière

5 jaunes d'œufs
125 ml (^{1}/$_2$ tasse) de sucre
15 ml (1 c. à soupe) de vanille
425 ml (1 ^{3}/$_4$ tasse) de lait
125 ml (^{1}/$_2$ tasse) de farine
30 ml (2 c. à soupe) de Cointreau ou de Triple-sec
15 ml (1 c. à soupe) de beurre, non salé

Mettre les jaunes d'œufs dans un mixer. Ajouter le sucre et la vanille ; mélanger à vitesse moyenne 2 à 3 minutes.

Verser le lait dans une casserole et faire chauffer à feu moyen.

Pendant ce temps, ajouter la farine au mixer et bien mélanger. Ajouter le Cointreau et mélanger 30 secondes.

Verser la moitié du lait chaud dans le mixer. Bien mélanger.

Lorsque le reste du lait commence à bouillir, ajouter le mélange de farine. Incorporer avec le fouet.

Continuer la cuisson à feu doux, en mélangeant constamment avec un fouet. La crème devrait épaissir.

Lorsque la crème devient jaune et forme un ruban, retirer du feu. Ajouter le beurre et bien mélanger.

Verser dans un bol et couvrir d'un papier ciré, beurré. Le papier doit toucher la crème. Laisser refroidir, puis mettre au réfrigérateur.

Cette crème peut être utilisée pour garnir des éclairs, des choux à la crème, des Paris-Brest, etc.

Carrés aux dattes

pour 6 à 8 personnes

125 ml (^{1}/$_2$ tasse) de sirop d'érable
125 ml (^{1}/$_2$ tasse) de sirop de maïs
125 ml (^{1}/$_2$ tasse) de raisins secs, dorés
375 ml (1 ^{1}/$_2$ tasse) de dattes, dénoyautées
5 ml (1 c. à thé) de vanille
30 ml (2 c. à soupe) de jus de citron
15 ml (1 c. à soupe) de jus d'orange
375 ml (1 ^{1}/$_2$ tasse) de farine
375 ml (1 ^{1}/$_2$ tasse) de cassonade
5 ml (1 c. à thé) de poudre à pâte
375 ml (1 ^{1}/$_2$ tasse) de flocons d'avoine
250 ml (1 tasse) de beurre mou

Préchauffer le four à 180 °C (350 °F).

Beurrer un moule à gâteau carré de 23 cm (9 po); mettre de côté.

Dans une casserole de taille moyenne, mettre le sirop d'érable, le sirop de maïs, les raisins secs, les dattes, la vanille et les jus d'orange et de citron. Faire cuire 3 à 4 minutes.

Laisser mijoter à feu doux 4 à 5 minutes. Le mélange doit épaissir. Retirer du feu, mettre de côté et laisser refroidir.

Mélanger la farine, le sucre, la poudre à pâte et les flocons d'avoine dans un grand bol. Ajouter le beurre et bien mélanger.

Mettre la moitié du mélange à farine au fond du moule. Couvrir avec le mélange aux dattes, puis avec le reste du mélange de farine.

Faire cuire au four 35 à 40 minutes.

Laisser refroidir avant de couper en carrés. Servir.

Omelette soufflée

pour 4 à 6 personnes

4 jaunes d'œufs
250 ml (1 tasse) de sucre glace
5 ml (1 c. à thé) de vanille
6 blancs d'œufs
500 ml (2 tasses) de fraises, fraîches,
lavées, équeutées, coupées en deux
30 ml (2 c. à soupe) de sucre
30 ml (2 c. à soupe) de liqueur de votre choix

Préchauffer le four à 190 °C (375 °F).

Mettre les jaunes d'œufs dans un grand bol à mélanger. Ajouter le sucre glace ; mélanger au fouet électrique jusqu'à ce que le mélange devienne très épais et jaune pâle. Incorporer la vanille.

Dans un bol en acier inoxydable, monter les blancs d'œufs en neige ferme. Puis, les plier dans le mélange aux jaunes d'œufs.

Verser le mélange sur un grand plat de service allant au four et faire cuire au four 16 minutes.

Mélanger le sucre, les fraises et la liqueur dans une casserole. Couvrir et faire cuire 4 à 5 minutes. Faire refroidir et verser sur l'omelette. Servir.

Diplomate anglais

pour 6 personnes

750 ml (3 tasses) de fraises, fraîches,
lavées, équeutées
125 ml (¹/₂ tasse) de sucre
1 tranche de gâteau éponge
500 ml (2 tasses) de crème fouettée
1 recette de crème anglaise
12 doigts de dame
50 ml (¹/₄ tasse) d'eau
jus de ¹/₂ citron
zeste de 1 citron, coupé en julienne

198

Mélanger les fraises, le jus de citron et le sucre dans un bol. Laisser mariner 15 minutes.

Déposer une tranche de gâteau éponge au fond d'un grand bol en verre. Garnir d'une couche de fraises et d'une couche de crème fouettée. Verser le 1/3 de la crème anglaise sur la crème fouettée. Répéter pour remplir le bol.

Mettre le zeste de citron dans une petite casserole. Ajouter l'eau et faire cuire 3 minutes. Laisser refroidir.

Décorer avec le zeste de citron, les doigts de dame, la crème fouettée et les fraises. Servir.

Crêpes au fromage

pour 6 à 8 personnes

125 g (1/4 livre) de fromage en crème
50 ml (1/4 tasse) de sucre
30 ml (2 c. à soupe) de rhum
1 jaune d'œuf
45 ml (3 c. à soupe) de crème sure
50 ml (1/4 tasse) de sucre glace
125 ml (1/2 tasse) d'amandes, effilées, grillées
zeste de 1 citron, cuit
zeste de 1 orange, cuit
crêpes

Préchauffer le four à 200 °C (400 °F).

Mettre le fromage, le sucre, le rhum et le jaune d'œuf dans un mixer. Ajouter la crème sure, le sucre glace et les zestes. Mélanger 1 minute.

Étendre le mélange sur les crêpes et parsemer d'amandes. Rouler et déposer sur un plat de service allant au four.

Mettre à gril (broil) 5 minutes, puis servir.

Eggnog glacé

pour 4 à 6 personnes

4 jaunes d'œufs
125 ml (1/2 tasse) de sucre fin
75 ml (1/3 tasse) de brandy
4 blancs d'œufs
175 ml (3/4 tasse) de crème fouettée
quelques gouttes de jus de citron

Mettre les jaunes d'œufs dans un bol à mélanger et battre avec un fouet électrique. Ajouter le sucre et battre 2 à 3 minutes.

Ajouter le brandy et le jus de citron ; bien mélanger.

Monter les blancs d'œufs en neige ferme ; incorporer au mélange. Ajouter la crème fouettée en pliant et bien mélanger.

Déposer à la cuillère dans un contenant en plastique, couvrir et mettre au congélateur.

Démouler et servir.

Tarte à l'ananas

pour 6 personnes

4 tranches d'ananas, coupées en dés
15 ml (1 c. à soupe) de Cointreau
2 œufs
125 ml (1/2 tasse) de sucre
250 ml (1 tasse) de lait, chaud
assiette à tarte de 23 cm (9 po), foncée de pâte *

Préchauffer le four à 190 °C (375 °F).

Mettre les ananas dans un bol et arroser de Cointreau. Laisser mariner 5 minutes.

Avec une fourchette, piquer la pâte à tarte. Ajouter les ananas et mettre de côté.

Mettre les œufs dans un bol et ajouter le sucre ; bien mélanger. Incorporer le lait et bien mélanger.

Verser le mélange sur les ananas. Faire cuire au four 30 à 35 minutes. Servir.

*Utiliser la recette de la tarte alsacienne pour la pâte — p. 202.

Cerisiers en fleurs près de Queenston, Ontario.

Gâteau marbré au Cointreau

pour 6 à 8 personnes

3 carrés de chocolat semi-sucré
550 ml (2 1/4 tasses) de farine, tamisée
2 ml (1/2 c. à thé) de sel
15 ml (1 c. à soupe) de poudre à pâte
175 ml (3/4 tasse) de beurre doux, ramolli
300 ml (1 1/4 tasse) de sucre
3 œufs
30 ml (2 c. à soupe) de Cointreau
125 ml (1/2 tasse) de lait

Préchauffer le four à 180 °C (350 °F).

Beurrer et enfariner un moule à pain de 23 cm x 13 cm (9 po x 5 po).

Remplir une casserole d'eau et mettre sur un feu doux. Faire fondre le chocolat dans un bol placé au-dessus de la casserole. Mettre de côté.

Tamiser la farine, le sel et la poudre à pâte dans un bol à mélanger.

Dans un autre bol, mélanger le beurre et le sucre. Réduire en crème. Incorporer les œufs avec un fouet électrique.

Ajouter le Cointreau et la moitié du lait ; mélanger avec une spatule. Tamiser la farine dans le bol et bien mélanger la pâte. Ajouter le reste de lait si nécessaire.

Lorsque le lait est bien incorporé, placer le 1/3 de la pâte dans un bol. Mettre de côté.

Mélanger le reste de la pâte avec le chocolat, en utilisant la spatule. Ajouter la pâte mise de côté et incorporer légèrement avec la spatule.

Verser dans le moule et faire cuire au four 60 à 70 minutes.

Démouler, refroidir et servir.

Flan aux cerises

pour 6 à 8 personnes

150 ml (2/3 tasse) de farine tout usage, tamisée
325 ml (1 1/3 tasse) de lait
3 œufs
30 ml (2 c. à soupe) de cassonade
50 ml (1/4 tasse) de sucre
30 ml (2 c. à soupe) de Cointreau
675 ml (2 3/4 tasses) de cerises dénoyautées
une pincée de sel
sucre glace

Préchauffer le four à 180 °C (350 °F).

Bien beurrer un ramequin de 23 cm (9 po).

Mettre la farine dans un bol et ajouter le sel ; bien mélanger.

Ajouter le lait, les œufs, le sucre et la cassonade. Bien mélanger et passer au tamis.

Incorporer le Cointreau et verser la moitié de la pâte dans le ramequin. Couvrir avec les cerises et le reste de pâte.

Faire cuire au four 50 à 55 minutes.

Saupoudrer de sucre glace et servir.

Tarte alsacienne

pour 6 personnes

Pâte :
500 ml (2 tasses) de farine tout usage
1 ml (1/4 c. à thé) de sel
175 ml (3/4 tasse) de beurre doux, ramolli
60 à 75 ml (4 à 5 c. à soupe) d'eau froide

Tamiser la farine et le sel dans un bol à mélanger. Faire un creux au milieu du mélange et ajouter le beurre. Incorporer le tout avec un couteau à pâtisserie jusqu'à ce que la pâte ressemble à des flocons d'avoine.

Ajouter de l'eau et former une boule. Pétrir la pâte deux fois.

Envelopper la pâte dans un linge et mettre de côté 1 heure.

Garniture :

60 ml (4 c. à soupe) de confiture d'abricots
2 pommes, pelées, évidées, émincées
175 ml (3/4 tasse) de sucre
2 œufs
15 ml (1 c. à soupe) de cannelle
45 ml (3 c. à soupe) de beurre doux, ramolli
15 ml (1 c. à soupe) de Pernod

Préchauffer le four à 180 °C (350 °F).

Étendre la pâte et foncer une assiette à tarte de 23 cm (9 po). Avec une fourchette, piquer la pâte et badigeonner de confiture.

Ajouter les pommes et mettre de côté.

Mettre le sucre dans un bol, Ajouter les œufs et la cannelle ; mélanger avec un fouet.

Ajouter le beurre et bien mélanger. Incorporer le Pernod.

Verser le mélange sur la pâte à tarte. Faire cuire 35 minutes. Servir.

Douceurs chocolatées au Tia Maria

170 g (6 onces) de chocolat semi-sucré
2 jaunes d'œufs
30 ml (2 c. à soupe) de Tia Maria
15 ml (1 c. à soupe) de rhum
30 ml (2 c. à soupe) de lait, tiède
30 ml (2 c. à soupe) de beurre, non salé
250 ml (1 tasse) de cacao

Dans une casserole, amener à ébullition, à feu moyen, 750 ml (3 tasses) d'eau. Mettre le chocolat dans un bol en acier inoxydable placé au-dessus de la casserole. Diminuer le feu et laisser fondre.

Enlever le bol et laisser refroidir 2 minutes. Ajouter les jaunes d'œufs et bien mélanger.

Incorporer le Tia Maria, le rhum et le lait. Si le mélange est trop épais, remettre au-dessus de la casserole 2 minutes.

Ajouter le beurre, mélanger et couvrir. Mettre au réfrigérateur 12 heures.

Rouler 15 ml (1 c. à soupe) de mélange dans le cacao. Répéter l'opération.

Servir.

Biscuits Doris

pour 12 à 16 personnes

500 g (1 livre) de beurre non salé
250 ml (1 tasse) de sucre glace
250 ml (1 tasse) de fécule de maïs
750 ml (3 tasses) de farine
1 ml (¹/₄ c. à thé) de sel
cerises pour garnir

Préchauffer le four à 160 °C (325 °F).

Beurrer et enfariner une plaque à biscuits.

Mettre le beurre dans le mixer. Ajouter le sucre et mélanger 1 ¹/₂ minute. Si vous utilisez un batteur manuel, mélanger 8 à 10 minutes.

Tamiser la fécule de maïs dans le mélange crémeux et mélanger 30 secondes.

Tamiser la farine et le sel ; ajouter au mélange. Bien mélanger.

Façonner la pâte en petites boules et disposer sur la plaque à biscuits. Aplatir avec une fourchette et garnir d'une cerise.

Faire cuire 10 à 15 minutes.

Laisser refroidir sur une grille et servir.

Les édifices du Parlement de Colombie-Britannique, à Victoria. Situés en face du Inner Harbour, ils furent terminés en 1898.

Melon d'Espagne et cantaloup flambés

pour 4 personnes

15 ml (1 c. à soupe) de beurre
30 ml (2 c. à soupe) de sucre
1/2 gros cantaloup, épépiné, coupé en dés
1/2 gros melon d'Espagne, épépiné, coupé en dés
5 ml (1 c. à thé) de fécule de maïs
30 ml (2 c. à soupe) d'eau froide
50 ml (2 onces) de cognac
jus de 2 oranges

Mettre le beurre dans une casserole. Ajouter le sucre et faire cuire 2 minutes en remuant constamment.

Ajouter le jus d'orange ; mélanger.

Ajouter le cantaloup et le melon espagnol ; faire cuire 2 à 3 minutes.

Délayer la fécule de maïs dans l'eau froide. Incorporer le mélange aux fruits ; faire cuire 1 minute.

Arroser de cognac, flamber et servir.

Soufflé au citron

pour 4 personnes

125 ml (1/2 tasse) de lait
30 ml (2 c. à soupe) de sucre
30 ml (2 c. à soupe) de beurre
30 ml (2 c. à soupe) de farine
30 ml (2 c. à soupe) de zeste de citron, haché
3 jaunes d'œufs
3 blancs d'œufs
jus de 2 citrons
une pincée de sel
sucre glace

Préchauffer le four à 190 °C (375 °F).

Bien beurrer un moule à soufflé de 1 L (4 tasses). Saupoudrer de sucre glace.

Faire chauffer le lait dans une casserole et ajouter le sucre. Faire bouillir et mettre de côté.

Faire fondre le beurre dans un bain-marie. Ajouter la farine et le sel ; mélanger et faire cuire 2 minutes.

Ajouter le lait et faire cuire 15 minutes. Bien mélanger. Ajouter le zeste de citron et le jus ; mélanger.

Retirer du feu et ajouter les jaunes d'œufs, un à la fois. Bien mélanger.

Battre les blancs d'œufs en neige ferme et plier dans le mélange.

Verser dans le moule à soufflé et saupoudrer de sucre glace. Faire cuire au four 20 à 25 minutes.

Servir avec de la sauce au rhum.

Crème anglaise au rhum

750 ml (3 tasses) de lait
7 œufs
250 ml (1 tasse) de sucre
30 ml (2 c. à soupe) de fécule de maïs, tamisée
50 ml (1/4 tasse) de rhum
50 ml (1/4 tasse) de crème à 35 %

Amener le lait à ébullition dans une casserole, à feu moyen. Mettre de côté.

Mettre les œufs dans un bol en acier inoxydable. Ajouter le sucre et la fécule de maïs ; bien mélanger avec un fouet.

Incorporer le rhum et le lait chaud. Verser le mélange dans la casserole et faire cuire à feu doux. Continuer la cuisson jusqu'à ce que le mélange adhère à la cuillère.

Passer au tamis et incorporer la crème. Refroidir.

Servir sur un pudding chaud.

Sauce au rhum

125 ml (1/2 tasse) de crème à 10 %
125 ml (1/2 tasse) de lait
3 jaunes d'œufs
50 ml (1/4 tasse) de sucre
50 ml (1/4 tasse) de rhum

Mettre la crème et le lait dans une petite casserole ; faire bouillir.

Mettre les jaunes d'œufs et le sucre dans un petit bain-marie. Bien mélanger avec un fouet électrique.

Ajouter le mélange à la crème et remuer. Continuer la cuisson jusqu'à ce que la sauce épaississe.

Retirer du feu et incorporer le rhum. Faire refroidir avant de servir.

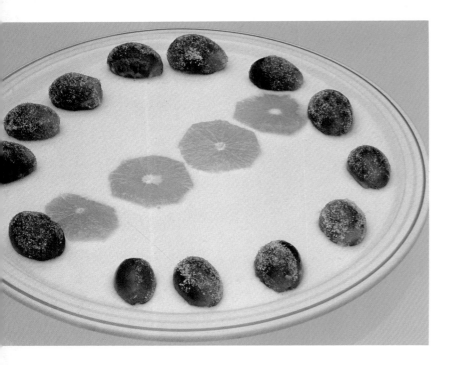

Crème anglaise à la moderne

pour 4 personnes

2 œufs entiers
3 jaunes d'œufs
125 ml (¹/₂ tasse) de sucre
625 ml (2 ¹/₂ tasses) de lait
5 ml (1 c. à thé) de vanille

Dans un bol, mélanger les œufs entiers, les jaunes d'œufs et le sucre avec un fouet.

Verser le lait dans une casserole et amener au point d'ébullition. NE PAS LAISSER BOUILLIR. Verser le lait dans le mélange aux œufs, remuer et verser dans un bain-marie.

Ajouter la vanille ; faire cuire en mélangeant constamment, jusqu'à ce que le mélange épaississe. Retirer du feu et faire refroidir.

Verser la crème anglaise dans un plat de service en céramique. Garnir de raisins roulés dans le sucre, et de tranches d'orange.

Tarte au citron

pour 4 à 6 personnes

Foncer un moule à tarte de pâte commerciale et attendre 35 minutes avant la cuisson pour éviter que la pâte ne rétrécisse. Mettre une feuille de papier sulfurisé sur la pâte et remplir de haricots secs. Faire cuire 15 minutes à 220 °C (425 °F). Retirer les haricots et mettre de côté.

300 ml (1 ¹/₄ tasse) d'eau
125 ml (¹/₂ tasse) de sucre
30 ml (2 c. à soupe) de farine de maïs
15 ml (1 c. à soupe) de beurre
4 jaunes d'œufs, battus
4 blancs d'œufs
150 g (¹/₃ tasse) de sucre
15 ml (1 c. à soupe) de sucre glace
jus de 2 citrons
zeste de 1 citron

Préchauffer le four à 150 °C (300 °F).

Verser l'eau dans une casserole. Ajouter 125 ml (¹/₂ tasse) de sucre ; amener à ébullition. Incorporer la farine de maïs et faire cuire 1 minute.

Ajouter le jus et le zeste de citron ; bien mélanger.

Ajouter le beurre et les jaunes d'œufs ; mélanger.

Verser le mélange dans la pâte à tarte et faire cuire au four 10 minutes à 150 °C (300 °F).

Monter les blancs d'œufs en neige ferme. Ajouter 75 ml (¹/₃ tasse) de sucre et mélanger très rapidement.

Étendre la meringue sur la tarte et saupoudrer de sucre glace.

Faire cuire au four 6 à 7 minutes à 200 °C (400 °F).

Crème renversée au caramel

pour 4 à 6 personnes

Caramel :

175 ml (³/₄ tasse) de sucre

Mettre le sucre dans une casserole. Faire cuire à feu moyen, en remuant constamment jusqu'à ce qu'il prenne une couleur dorée.

Retirer du feu et verser dans des ramequins. Mettre de côté.

Crème :

375 ml (1 ¹/₂ tasse) de lait
250 ml (1 tasse) de crème légère
4 œufs
5 ml (1 c. à thé) d'essence de vanille
50 ml (¹/₄ tasse) de sucre
une pincée de sel

Préchauffer le four à 180 °C (350 °F).

Verser le lait dans une casserole et faire chauffer jusqu'à ébullition. Ajouter la crème et laisser bouillir plusieurs minutes.

Mettre les œufs dans un bol à mélanger. Ajouter la vanille, le sucre et le sel ; bien mélanger.

Incorporer le mélange au lait et mélanger.

Remplir un plat à rôtir allant au four avec 4 cm (1 ½ po) d'eau chaude. Déposer les ramequins dans le plat et les remplir avec le mélange de crème.

Faire cuire au four 40 à 45 minutes.

Retirer du four et laisser refroidir. Démouler et servir.

Pain à l'orange

375 ml (1 ½ tasse) de farine, tamisée
5 ml (1 c. à thé) de poudre à pâte
2 ml (½ c. à thé) de sel

250 ml (1 tasse) de sucre
125 ml (½ tasse) de beurre, ramolli
15 ml (1 c. à soupe) de jus d'orange
2 œufs
125 ml (½ tasse) de lait
zeste de 1 orange, râpé

Préchauffer le four à 180 °C (350 °F).

Beurrer et enfariner un moule à pain de 23 cm x 13 cm (9 po x 5 po) ; mettre de côté.

Tamiser la farine, la poudre à pâte et le sel dans un grand bol. Mettre de côté.

Mélanger le beurre et le sucre dans un petit bol ; incorporer au mélange de farine.

Incorporer le jus d'orange. Ajouter les œufs, le lait et le zeste d'orange ; bien mélanger.

Verser la pâte dans le moule. Faire cuire au four 1 heure.

Laisser refroidir et servir avec du thé.

La rivière Nisutlin, Yukon.

Biscuits à l'orange

250 ml (1 tasse) de beurre, mou,
non salé
375 ml (1 1/2 tasse) sucre
1 œuf
15 ml (1 c. à soupe) d'eau
15 ml (1 c. à soupe) d'essence
d'orange
625 ml (2 1/2 tasses) de farine tout usage
15 ml (1 c. à soupe) de poudre à pâte
125 ml (1/2 tasse) de noix de coco, râpée
une pincée de sel
des amandes entières pour garnir.

Préchauffer le four à 180 °C (350 °F).

Mettre le beurre et le sucre dans un bol à mélanger ; réduire en crème. Ajouter l'œuf, l'eau et l'essence d'orange. Mélanger au fouet électrique 3 minutes.

Dans un petit bol, tamiser la farine, la poudre à pâte et le sel. Incorporer la farine tamisée au mélange aux œufs. Bien mélanger et ajouter la noix de coco. Bien mélanger.

Façonner des petites boules et déposer sur une plaque à biscuits enfarinée. Avec le dos d'une cuillère, presser légèrement sur les biscuits. Déposer une amande sur chacun d'eux.

Faire cuire au four 12 à 15 minutes. Sortir du four et laisser refroidir sur une grille.

Servir.

Pommes au vin blanc

pour 6 personnes

6 pommes, évidées
125 ml (1/2 tasse) de beurre, non salé
250 ml (1 tasse) de raisins secs, dorés
250 ml (1 tasse) de cassonade
15 ml (1 c. à soupe) de cannelle
375 ml (1 1/2 tasse) de vin blanc, sec
25 ml (1 1/2 c. à soupe) de fécule
de maïs
45 ml (3 c. à soupe) d'eau
250 ml (1 tasse) de crème fouettée à 35 %

Préchauffer le four à 180 °C (350 °F).

Avec un couteau bien affilé, entailler autour du cœur de la pomme. Placer dans un plat à rôtir allant au four.

Remplir les pommes avec le beurre, les raisins secs et le sucre. Saupoudrer de cassonade.

Verser le vin dans une casserole et faire cuire au four 30 à 35 minutes.

Déposer les pommes sur un plat de service.

Verser la sauce dans une petite casserole. Délayer la fécule de maïs dans l'eau ; incorporer à la sauce. Faire cuire 1 minute.

Verser la sauce sur les pommes et recouvrir de crème fouettée.

Friandises aux noix

pour 6 personnes

375 g (3/4 livre) de sucre
30 ml (2 c. à soupe) de sirop d'érable
170 g (6 onces) d'amandes, grillées
une pincée de sel

Mettre le sucre dans une casserole. Faire chauffer en remuant constamment. Faire cuire jusqu'à ce que le sucre devienne un léger sirop.

Ajouter le sirop d'érable et continuer la cuisson 30 secondes. Mélanger légèrement et ajouter le sel.

Retirer la casserole du feu et ajouter les amandes. Bien mélanger, puis étendre le mélange sur une plaque à biscuits huilée.

Laisser refroidir, casser en morceaux et servir.

Tartelettes aux fraises et au yogourt

pour 4 personnes

Garniture :

30 ml (2 c. à soupe) d'eau
45 ml (3 c. à soupe) de sucre
15 ml (1 c. à soupe) de grenadine
250 g (1/2 livre) de fraises, lavées, équeutées
250 ml (1 tasse) de yogourt nature
4 tartelettes, cuites

Mettre l'eau, le sucre et la grenadine dans une casserole à feu vif. Amener à ébullition.

Ajouter les fraises et continuer la cuisson à feu vif 2 minutes.

Déposer une cuillerée de yogourt sur les tartelettes.

Avec une écumoire, retirer les fraises et les placer sur le yogourt. Continuer la cuisson du sirop jusqu'à ce qu'il épaississe.

Mettre un peu de sirop sur les fraises et laisser refroidir avant de servir.

Pâte sucrée :

750 ml (3 tasses) de farine tout usage, tamisée
1 ml (¹/₄ c. à thé) de sel
125 ml (¹/₂ tasse) de sucre fin
300 ml (1 ¹/₄ tasse) de beurre, non salé, froid
2 œufs battus
50 ml (¹/₄ tasse) de crème à 35 %

Préchauffer le four à 200 °C (400 °F).

Mettre la farine, le sel et le sucre dans un bol et bien mélanger.

Faire un creux au milieu du mélange et y déposer le beurre, les œufs et la crème. Mélanger avec un couteau à pâtisserie. Pétrir la pâte 2 minutes, puis enfariner légèrement.

Envelopper dans un linge et mettre au réfrigérateur 1 heure.

Rouler la moitié de la pâte et découper 4 tartelettes. Réserver le reste de pâte pour d'autres occasions. Faire cuire au four 15 minutes.

Oranges surprise

pour 4 personnes

4 grosses oranges
250 ml (1 tasse) de salade
de fruits, égouttée ou de fruits frais
30 ml (2 c. à soupe)
de Cointreau
2 blancs d'œufs
125 ml (¹/₂ tasse) de sucre
zeste de citron pour garnir

Préchauffer le four à 200 °C (400 °F).

Découper la calotte des oranges et retirer la chair avec une cuillère.

Déposer la salade de fruit dans les oranges et arroser de Cointreau. Mettre au réfrigérateur.

Mettre les blancs d'œufs et le sucre dans un bain-marie et mélanger à vitesse moyenne avec un fouet électrique jusqu'à ce que le mélange soit ferme. Mettre dans un sac à pâtisserie muni d'une douille étoilée. Remplir les oranges.

Mettre au four 2 à 3 minutes.

Garnir de zeste de citron. Servir.

CRÉDITS PHOTOS

INDEX